慢性病心靈處方箋：
100 則與慢性病共處的實用點子

Healing Your Chronic Illness Grief:
100 Practical Ideas for Living Your Best Life

Jaimie A. Wolfelt、Alan D. Wolfelt 著
章惠安 譯

HEALING YOUR
CHRONIC ILLNESS GRIEF:
100 PRACTICAL IDEAS FOR
LIVING YOUR BEST LIFE

JAIMIE A. WOLFELT
ALAN D. WOLFELT, PH. D.

獻給所有曾經以他們自身經驗

教導我們的慢性病朋友，

讓我們得以撰寫此書，

致力於協助他人。

感謝你們。

目次
contents

作者簡介

Jaimie A. Wolfelt

Jaimie A. Wolfelt 目前是瑞吉斯大學諮商所碩士生。她在九歲時被診斷出罹患第一型糖尿病，雖然在健康上須面對長期的挑戰，但她學會去過有意義和有目標的生活。她將繼續秉持 Wolfelt 家族「幫助人們幫助他人」的傳統。

Alan D. Wolfelt

Alan D. Wolfelt 博士是一位國際知名的作家、教育者及悲傷諮商師。他是「失落與生命轉化中心」（Center for Loss and Life Transition）的負責人，且任教於科羅拉多大學醫學院的家醫學系。Wolfelt 博士是三個孩子的父親，並著有多冊有關成人及孩童之悲傷療癒的書籍。

譯者簡介

章惠安

現職：自由工作者

台灣失落關懷與諮商協會常務監事

學歷：國立臺北護理健康大學生死教育與輔導研究所碩士班

美國加州州立大學大眾傳播研究所廣告組碩士

曾任：台灣失落關懷與諮商協會副秘書長、理事

國立臺北護理健康大學生死教育與輔導研究所專案研究員

育幼院實習心理師／國中輔導室認輔老師／安寧病房義工／

美術設計類出版品作者、季刊總編輯及編譯

涉獵研究領域：自殺心理、懷孕抉擇諮商、悲傷輔導、青少年生

育保健服務、文化與廣告策略應用

專長：悲傷輔導、臨終關懷服務、翻譯（悲傷輔導領域）、

美術設計

譯作：《走在失落的幽谷：悲傷因應指引手冊》

《見證幽谷之路：悲傷輔導助人者的心靈手冊》

《悲傷治療的技術：創新的悲傷輔導實務》

（以上均為心理出版社出版）

序言

　　歡迎打開這本書進入這段對話，與你同在真榮幸。

　　當然，也許和你一樣，我們希望沒有人需要這樣一本書；我們希望自己的生活不為慢性病所拖累；我們希望你沒有慢性病之苦。請了解，我們深切地為你和慢性病在你生活中所帶來的許多失落感同身受。

　　在此同時，我們很高興有這機會為黑暗帶入一線光亮。我們以身為希望的傳遞者為榮，而希望是對好事會發生的期待。我們有幸在你的慢性病歷程中，高舉著希望的火把與你同行。

　　是的，當你閱讀這本書時會感到充滿希望，這正是我們對你的承諾。雖然我們不知道你罹患此慢性病的詳細個人經驗，但我們希望你知道；你並不孤單。求生存與成長的能力會使我們相互扶持，並因生命、生活與愛而感恩。

為什麼我們要寫這本書

　　就在我（我是潔咪，Jaimie）十歲生日的前一個月，記得那天，我告訴擔任家庭醫師的媽媽，我上廁所的次數非常多，而且心情一直都很差。媽媽帶我去她的診間做尿液檢查，在與我的兒科醫師通電話討論檢查結果後，她帶我去到急診室。我當時不知道是怎麼回事，但害怕極了。記得我帶著最心愛的狗狗布偶伯金思，去了醫院，在那兒我被診斷出患了第一型糖尿病。

對於在醫院的種種，我已沒什麼記憶，只記得住院的那幾天，他們幫我把血糖值恢復到正常範圍，並告訴我們有關第一型糖尿病的衛教。我不是真的很了解發生了什麼事，或糖尿病是怎麼回事。出院回家後，我不想做胰島素注射，印象中我嚎啕大哭，不理解自己為什麼會發生這種事，為什麼一直要給我打針。我還記得媽媽和爸爸一邊安撫著我，也一邊陪著我哭。我們都為我得糖尿病之前的日子不再，以及未來必須面對糖尿病生活的挑戰而悲傷。

　　從被診斷出罹患糖尿病的那天起，至今已有十四年了，雖然一路走來有許多的挑戰，但我要很高興地說，我現在與第一型糖尿病共存，過著快樂又完整的生活。每一天，我都必須警覺自己是個慢性病患者—— 一種有潛在危險、需要持續監控的疾病，稍有不慎就可能造成永久性的損傷，帶來令人痛苦又不方便的副作用，甚至縮短壽命。有些天比其他日子過得更辛苦，有些時刻比其他時刻更為難過，有幾週或幾個月比其他月份更煎熬，但在我處理糖尿病的這些過程中，有良好資源讓我過著健康且完整的生活。我還是會為因糖尿病而起的一些事和挑戰感到悲傷，但也感謝我的身體狀況和糖尿病所帶給我的生命課題。

　　當事情發生時，我父親，也是本書的另一位作者 Alan Wolfelt 博士，他是世界知名的悲傷輔導心理師、作家及演說家，他熱心地協助人們了解生命隕落後的悲傷是人類的天性，也是無可避免的反應，並幫他們找出哀悼或表達悲傷的方式，於是人們能夠繼續向前行，活出自己最好的人生。對你們有些人來說，有個常常把悲傷、死亡和喪禮這一類的事掛在嘴邊的父親，好像很奇怪；但對我而言，這就是日

常。事實上，我的成長之地就在離「失落與生命轉化中心」
（Center for Loss and Life Transition）不遠的地方。爸爸極
為樂觀，他其實非常有活力、快樂，且熱愛生命。他只是正
好知道這件十分重要的事，那就是認真看待並接納我們的悲
傷，將其看作是生命中的一部分，使我們活得有意義、有目
標，對，還有喜樂。

　　我父親（也被診斷出罹患嚴重的慢性關節炎，還是個
癌症患者）寫了許多有關悲傷、哀悼及療癒方面的書籍，因
此，當他建議我們倆一起寫一本有關慢性病悲傷（chronic
illness grief）的書，我就抓住了機會。如你所知，我在過
去幾年找到了自己所熱中的事，而且這也幫助了其他人，
尤其是罹患第一型糖尿病的孩子，他們需要因應這種病在
情緒及社交層面的種種。如今我已取得心理諮商碩士，並
在「芭芭拉戴維斯糖尿病中心」（Barbara Davis Center for
Diabetes）工作，這是專門從事第一型糖尿病研究及照顧兒
童與成人患者的機構。寫一本談論如何與慢性病一起好好過
日子的覺察悲傷的書籍——一本幫助你和我以及可能還有許
許多多其他人的書——顯然是我旅程中具有意義的下一步。

　　關於我已經談得夠多了，現在我們來談談你。

慢性病的隱性流行

　　實情往往使我們慢性病的人了解到，我們並不孤單；事
實上，十個美國人中有六位罹患慢性病，且十個裡面有四人
患有兩種或以上的慢性病。各年齡層的男男女女、老老少少
都會受到影響。

　　其中最普遍的就是心臟病、自體免疫疾病、癌症、肺

病、中風、阿茲海默症、糖尿病、腎臟病，以及精神疾患。
這每一種疾病當中，又細分了許多特定的病名，例如慢性心
臟病的範圍，從冠狀動脈疾病到瓣膜缺損及心律不整。而自
體免疫疾病也包括各種狀況，如克隆氏症、氣喘、多發性硬
化症、纖維肌痛症，以及紅斑性狼瘡等，僅在此列舉幾個。
有些慢性病是先天的，像是血友病、亨丁頓舞蹈症，以及囊
腫性纖維化症等；而其他像風濕性關節炎、愛滋病，以及帕
金森氏症，則較常是經過長時間逐漸形成的疾病。

　　你的慢性病是什麼呢？目前所受到的挑戰是什麼？有關
這個病，你所擔心的是什麼？請把它們寫下來：

_____

_____

_____

_____

　　我們帶著各式各樣不同的背景接觸到這本書，每一種
慢性病都有其獨特的症狀、病程、嚴重程度、治療方式，以
及預後情形；然而我們這些受到慢性病影響的人，其實也有
共通的地方。我們所罹患的病是趕不走的——也許有一段時
間好像遠離了，也許從來無法擺脫。我們有著類似的失落經
驗，我們為自己的逐漸衰弱、病痛和侷限而悲傷。對我們許
多人而言，我們的疾病和每日奮戰可能大部分都未被看見，
但私下在自己的家裡和心中，我們其實都一樣地渴望被看
見、被了解、被支持和被愛。

　　我們也想要盡可能好好生活，並活得長久。

　　無論你的疾病和預後為何，都歡迎來這兒聊聊。感謝你

與我和我父親同行，一起探索這個重要的課題，並找到活出最佳人生的方式。

過好慢性病的生活

　　這本書涵蓋兩件事：承認、接納並表達因慢性病而產生的正常且無法避免的悲傷，以及過好我們的慢性病生活。你可能以為這兩件事沒什麼關聯，但並非如此；它們其實是手牽手如影隨形的。

　　正如我們的慢性病是我們的一部分，我們的悲傷（grief）也是其中的一部分。人們傾向把悲傷看作是暫時性的，但其實不然；只要我們因生活改變所帶來的失落而產生了重大悲傷，這悲傷就是一輩子的事。當失落的情形持續不斷，經過一段時間的累積——就像罹患慢性病常見的那樣——我們的悲傷也會變成慢性的。父親幫助我了解到，這往往就是所謂的慢性悲傷（chronic sorrow）。

　　即使我們悲傷、哀悼還要應付自己的慢性病，但我們也同時可以努力過好自己的生活。我們可以認真且有目的地過活，可以積極主動尋求意義、平靜和歡樂。

　　而且世上有很多像我們這樣的人，我們不需要自己一人獨行。

如何使用這本書

　　如上所述，此書包含了 100 則點子協助你承認、接納並哀悼慢性病帶給你的悲傷，且儘管有這慢性病和慢性悲傷，你還是能好好過日子。有些點子會教你有關悲傷和哀悼的原理，有些則是提供切實可行、此時此地、以行動為導向的建

議，好讓你接納自己的悲傷、練習自我照顧和自我疼惜，並活出自己的希望和夢想。

　　有些點子可能比其他點子更能說出你個人獨特的經驗，若發現有些點子似乎不符合你的狀況，只要忽略它再翻看下一頁即可。

　　當你翻閱這些頁面時，也會看到每一則點子都有一個「即時行動」（Carpe Diem），凡是喜愛《春風化雨》這部電影的粉絲們應該會記得，那就是「把握當下」的意思。我們所希望的是，你不會把這本書束之高閣，而是將它放在床頭櫃或案頭以方便翻閱。時常把它拿來，隨興翻到任何一頁，「即時行動」所建議的今日練習、行動或想法可助你把握當下，就在此時此刻。

　　請了解，這本書所講述的內容不應被解讀為醫療建議。如果你對任何醫療事宜有疑問或擔心，應該去諮詢醫師或其他健康照護者，千萬不要因為這本書中所提到的點子，而延誤尋求醫療建議的時機、忽視醫療建議，或中斷醫療處置。

　　感謝你選擇了這本書，當你開始探索書中的資源時，我們祝福你勇敢、優雅、舒適且充滿希望。我們希望你把這本小書視為一位能激勵你、但又很大膽的朋友，讓它牽起你的手與你同行，隨侍在側。如同好友一般，讓它帶給你充足的力量和信念，你可以帶著慢性病好好生活，並持續發現生命中新的意義和目標。

　　祝一切順利。我們希望有一天能與你相遇。

Jaimie Wolfelt　　　*Alan D. Wolfelt*

2019 年 3 月

寫給中文讀者

　　我們很榮幸中文讀者能讀到這本書，也感到十分榮幸在你個人的慢性病旅程中與你同行，並成為一道希望之光——期待好事會發生。

　　我們誠摯相信這本書能幫助慢性病患者了解到，我們並不孤單。從你的個人經驗可能就已知道，各年齡層的男男女女、老老少少都會受到影響。對我們許多人來說，我們的疾病和每日奮戰在別人眼裡可能未被看見，然而我們大家都活在期待被看見、被理解、被支持和被愛的渴望中。

　　我們兩人會感謝你能好好利用這本書，請你把我們最深的祝福放在心裡，並接納這個事實：即便罹患慢性病，你還是能夠活出美好人生。

Jaimie Wolfelt　Alan D. Wolfelt

2020 年 8 月

從慢性失落裡學習，
允許悲傷也樂觀生活

　　人生中的失落何其多！失落必然帶來變化，不同形式的失落事件，有的嚴重，有的輕微；有的緩慢，有的急性；有的跟隨一生，有的帶來劇變。但不論是何種失落，我們都得從其中學習面對不再如前的自己，以及調適因失落而來的變局。

　　本書不同於市面上普及的健康養生書，作者是 Alan Wolfelt 博士及他的女兒 Jaimie Wolfelt，他們都是身受慢性疾病之苦的患者，此外，Wolfelt 博士還是美國知名的悲傷輔導專家。在心理出版社的悲傷輔導譯著專書中，我最喜歡 Wolfelt 博士的《見證幽谷之路》（*Companioning the Bereaved*），其中對悲傷及哀悼的觀點深得我心。本書是由承認、接納慢性病帶來的失落和悲傷切入，鼓勵慢性病友允許自己哀悼，並提供 100 則如何在生活日常裡與慢性病的失落悲傷相處的生活智慧。值得一提的是本書的譯者章惠安小姐，她學習悲傷輔導專業多年，曾翻譯過悲傷輔導大師們著作多本，除了譯功不在話下外，更因她具備悲傷輔導專業訓練，自然能如實地以中文傳遞作者所說的意蘊。非常值得閱讀！

2021 年開始全球仍在新冠肺炎的籠罩下，我們能健康平安活著都是無比難得的生命禮物。試想多少人受新冠肺炎急性侵擾後，雖能存活下來，但曾經歷的傷害帶來後續影響卻是慢性長期的。文末謹以作者序言所述共勉之──「即使我們悲傷、哀悼還要應付自己的慢性病，但我們也同時可以努力過好自己的生活。我們可以認真且有目的地過活，可以積極主動尋求意義、平靜和歡樂」。

李佩怡

（本文作者為國立臺北護理健康大學
生死與健康心理諮商系教授兼系主任）

慢性病和罹患癌症、喪親、失戀或離婚有何相似之處呢？

　　糖尿病、氣喘、過敏、慢性疼痛等各種造成生活大大小小困擾的慢性病（有些人把癌症也視為慢性病），通常無法痊癒，當事人只能努力維持現狀、避免症狀發作或是無論如何維持還是會逐漸惡化。其他的生命困境如喪親、失去身體的某一部分、失學、失業、分手、離婚，或是每個人都會面對的成長和衰老（隨著時間而逐漸失去的能力或特質）等，表面上看起來和慢性病沒什麼關聯性，但透過悲傷輔導大師 Alan Wolfelt 和其罹患糖尿病的女兒 Jaimie 的序言，揭示了慢性病和其他生命困境的相似之處：失落與悲傷。所謂的失落，通常是指我們曾經擁有過但後來卻不再擁有的人、事、物、情境或內在狀態；而廣義的悲傷則是指面對失落時個人的主觀經驗，包括：想法、感受和行為反應。

　　兩位作者想要將因應失落的各種有效方式，改寫成面對慢性病的版本，想要與所有為慢性病所苦的當事人分享，除了煩惱、壓抑、不知所措之外，你還有很多與自己慢性病的共處之道：可以認識自己的疾病、可以了解自己的哀悼需求、可以求助、可以說說自己的悲傷、可以探索、可以重新建構、可以……。

身為一個長期與癌症個案工作的諮商心理師，我建議讀者們可以用各種方式來看這本書。你可以用最典型的方式：從序言開始，依照順序一篇一篇讀完。當然，你也可以看看這本書 100 則點子的標題，依據你的需求，找你目前或當下想要看的那一篇，直接翻開來閱讀，並依據建議的方法實做看看。還有，你可以嘗試看看很心理投射的方式，請你做兩個抽籤筒，代表十位數和個位數，分別放入 10 個數字籤條：從 0 到 9，給自己三個深呼吸，專心地想著「我要尋求建議」，然後用抽籤的方法各抽一個數字，組合起來的數字就是你要閱讀的「點子」（如果抽到 1 和 9，就翻看第 19 則點子，如果兩個數字都抽到 0，就代表閱讀第 100 則點子）。無論如何，這本書都值得你細細品味。

葉北辰

（本文作者為諮商心理師公會全國聯合會理事）

譯者序

　　患有慢性病的人們，無論老少，除了在身體上需要整合性的醫療照顧，生活起居要因應健康變化的需求；在心理上，因疾病帶來的不便、困擾、逐漸衰弱、長期的不適與擔憂，或因生活及工作方式改變、人際關係變化等所引起的失落，也可能會形成慢性悲傷。這本由悲傷輔導大師 Alan Wolfelt 博士及他的女兒 Jaimie Wolfelt 合著的心理自我照顧隨手書，以點子短篇的方式編輯成冊，既符合忙碌生活中可以即時翻閱、隨時放下的閱讀習慣，內容又具有高度實用性，且無須循序漸進地閱讀──讀者可以隨手翻看，覺得對哪個點子特別有興趣就持續看下去，或覺得這一點好像不適合自己，跳過再看其他點子也無妨──是一本十分有彈性的隨手書。

　　在翻譯的過程中，我發現其實不只是生理上患有慢性病的人，如果心中有長期心結，對某件事有什麼過不去的坎兒，對自己的人生有什麼不滿意或遺憾，把這些情境當作是個心理上的慢性病，這本書的一些點子也同樣適用，有時看著看著、想著想著就真的釋懷了。所以，副書名為「100 則與慢性病共處的實用點子」固然十分貼切，但好像也是我心目中「100 則讓你過好日子的實用點子」的舒心秘笈！

　　在此感謝兩位好友：具有護理背景的謝啟彬先生和太極大師黃雅婷小姐的協助與校稿，且不時與我分享讀後心得，有些想法還真是與他們的讀後感言產生共鳴。其次要謝謝本

書的推薦者：李佩怡老師與葉北辰心理師。佩怡老師是我在安寧病房服務時最景仰的學習對象，也是我在悲傷輔導領域中所遇到最柔軟的師級典範；而北辰與我讀同一研究所，雖然屆數相差幾年，但我們總是很有緣分地在不同場合相遇，一塊兒學習觀摩、相互切磋。在此由衷感謝心理出版社的編輯同仁們，一遍又一遍的校稿與修飾文句，以精闢的用詞美化我的文筆；為求整本書的適讀性，不辭辛勞大幅變更排版，使這本書更加實用易讀。最後要感謝的是我的麻吉——Meikou 先生（也是一位慢性病患者），感謝他對我在生活、工作及心靈上的支持，以及無微不至的照顧，沒錯，這位慢性病患者十分會照顧家人。

章惠安

2020 年 9 月 8 日於南勢角

1 認識你的疾病（並教導他人）

「每個病人的內在都自己帶著一位醫師，當他們來到我們的診間，我們就該明白這個事實。他們每個人給予這位自己內在的醫師一個機會來就診時，就是身為醫生的我們能有最佳表現的時候。」

—— 史懷哲（Dr. Albert Schweitzer）

- 如果你對於自己的疾病和治療選項有所了解的話，就有更佳的情勢為自己作主以獲得最好的照顧，並過著最好的生活。

- 研究有關你的症狀和疾病，知道自己的治療選項，傳統和非傳統的都去了解。清楚明白並掌握你的醫療開銷及投保內容；同時，當遇到提供服務的業者，不要害怕提問以及尋求其他意見。

- 想個簡單、清楚的方式教導朋友和家人有關你的疾病。除非他們有興趣了解，你不需要提供鉅細靡遺的細節，但讓他們知道你所經歷的事和這些事務如何影響你的生活，就很有幫助。讓朋友和家人知道，他們可以對你的病提供一些協助或支持也是很好的。

- 當然，對自己的病有所了解，或者自己就代表著這個病，

這兩者之間是不同的。有些患了慢性病的人，發展出一種什麼都是繞著這個病打轉的自我認同，一旦如此，這個人的生活就全然受到此病的限制。沒錯，這在求知、參與和主張等行動中的確是具有力量和意義的；然而每當有任何一件事凌駕了一個人的自我認同時——可能是他自己的專業、一段關係、一個理由，或任何其他事情——這人通常就為自己築起了一道高牆，把自己與全面而完整的生活隔離了。

即時行動

關於你的疾病或症狀有些什麼問題或疑惑呢？今天就閱讀一些相關資料，或找你就醫的機構問問吧。

2 聲明你就是你自身經驗的專家

「每一種慢性病的背後，都有一個人試著在這世上為自己找出路。」

—— 葛藍·史懷哲（Glenn Schweitzer）

- 是否發現很多人想要告訴你如何因應你的慢性病？

- 吃這個，不要吃那個；去看這個專科；試試這個神奇療法；不要吃那種藥；少點這個、多些那個、讀讀這個。這些人通常是出於好意，但有時管太多——而有些時候卻又全然無知。即使不同的醫護人員也會獻上各式各樣不同的建議。

- 有正確的訊息是好事，對於新點子採取開放的心態也很重要，但哪些適合你今天、明天以及日後的身體，你才是唯一做最終決定的人。

- 你的生活不是民主政體，它是君主制度。當論及你的生活，你就要戴上皇冠，自豪且沒有歉意地戴上它。

即時行動

下回若有人告訴你該如何處理你的慢性病時，要記得
誰才是君王。

3 照顧好自己的身體

　　「照顧好你的身體，因為這是你唯一必須生活的地方。」

　　　　　　　　　　　　　　　——吉米‧隆（Jim Rohn）

- 談到慢性病，這就是件大事。我們無法完全掌控自己的身體，但我們可以而且必須好好照顧它們。當我們盡可能用最好的方式照顧自己的身體時，我們就是為自己最好的生活經驗做好了準備。

- 隨時注意與醫生及其他健康照護人員的約診時間是很重要的，他們是我們團隊的成員，我們需要把他們的協助放在健康議題的首選，其中也包括任何我們覺得有助益的全人治療。

- 吃有營養的食物並且多喝水，是另一項基本要件。正如所謂的「垃圾進，垃圾出」（garbage in, garbage out）；經過實證，好的營養可以減緩發炎（對很多疾病都有效），使我們避開許多常見的慢性病症狀，並能改善心情。

- 睡眠充足和飲食一樣重要，養成良好的睡眠習慣，若有需要，可向健康照護人員或睡眠專科醫師尋求協助，以確保我們的健康。

- 適宜且能顧及我們慢性病症的緩和運動，是自我身體照顧
  重任的最後基石。生活是動態的，當我們的身體在其活動
  達到最大限度時，才能發揮最佳功能。物理治療師或運動
  專家可以協助我們建立一套對我們有效的運動計畫。

🌱 **即時行動**

> 你有去看過營養師嗎？許多保險給付有包含營養諮詢
> 喔！† 確認你有給予身體所需的大量和微量營養素，
> 那是很好的自我照顧。

---

† 譯者按：台灣的健保，部分慢性病亦有提供「營養飲食指導
  費」的給付。若需要院方提供營養諮詢的服務，也可向醫護人
  員確認是否有健保給付。

4 疼惜自己

> 「事實上，我們每個人都有一些毀損。我們必須學會去愛自己受損的那一部分——對自己和他人都要柔和且能同理。」
>
> ——凱倫・莎爾曼森（Karen Salmansohn）

- 你是你自身經驗的專家，沒有其他人能夠住在你的意識或身體裡，沒人能夠像你一樣經歷自己的生命。

- 當我們期待有人能夠且願意前來了解並同理時（以下會詳述），你就是自己生命的掌舵人，這就是你自己該負的責任。

- 你自己才是有最大潛力能自我了解和自我同理的人，疼惜自己包括了你每天用內在的聲音對自己談論有關自己的慢性病的方式。在艱困的日子裡，要好好疼惜自己，允許自己接納不會每天都完美的事實。

- 就如同你身邊的人們可以有所選擇，你也可以選擇對自己要漠不關心還是加以關注；鄙視還是同理；冷漠還是疼惜。

- 疼惜自己就是有意識且主動地選擇、一次又一次、在大大小小的事情上，好好照顧自己，必要時要體諒自己並好好

愛自己。

• 每當你選擇疼惜自己，你就選擇了希望、愛和生命。

🌱 即時行動

現在，送你自己一份疼惜自己的禮物，對自己說仁慈的話，或選擇用某種簡單的方式善待自己，就是現在。

5 呼吸

「如果你今天所做的就只是呼吸，那也很好。」

——佚名

- 正念呼吸是一個超級簡單的練習，卻有魔力讓我們度過並超越幾乎任何具有挑戰的時刻。

- 就在你所做的任何事情的當下停下來，舒適地坐著，閉上眼睛。此時，專注在你的呼吸上。

- 慢慢地透過鼻子吸氣，再慢慢地從嘴巴吐氣。就像這樣繼續做下去，並有意識地放鬆身上的每一塊肌肉。

- 當心思想到其他事情時，把它們放在一邊，並回到你對呼吸以及腹部和胸腔起伏的覺察。如果數數可以幫助你專注在呼吸上，就在你吸氣時默數 1、2、3、4，然後吐氣時也數 1、2、3、4。

- 當感覺到有壓力時，試著做一分鐘正念呼吸。若覺得這樣有好轉些的話，之後就可以增加到五或十分鐘；但若需要快速地重新振作，你也可持續回到一分鐘正念呼吸的階段。

即時行動

放下此書，做個至少一分鐘的正念呼吸。

6 了解六個哀悼的需求

需求1：承認你罹病及預後的事實

> 「這裡只有一個基本規則：永遠要傾聽病人。」
> ——奧利佛・薩克斯（Oliver Sacks）

- 你得了慢性病，這是個難以接受的事實；然而你必須要一點一滴、日復一日地去接受這個事實。

- 如果你獲知自己罹患慢性病不到幾週或才數個月的時間，就可能還在接受此事實的掙扎之中，面對這樣的調適可能要花些時間，這是正常的。首先你在理智上會承認罹病的事實，但唯有經過時間的沉澱，你才會打從心裡去承認它。

- 另一方面來說，如果你得知罹患此慢性病已有好幾個月或好幾年，你可能已承認這個事實，可能也已學會與此病的需求和挑戰共同生活。

- 能夠越來越自在地大聲說出相關字眼，對於你面對這個哀悼的需求是有幫助的。學習向朋友、家人，或甚至陌生人說「我有＿＿＿＿＿＿」，當有需要時，才能夠讓你自在論及有關罹病和預後的事實。

- 有時你可能會把罹病的事實推開，從中喘口氣，這是很正常的。讓自己享有暫時緩解一下的自在片刻吧。

🌱 **即時行動**

今天，告訴一個你從來沒向他提過自己病情的人——
也許你心中已經有人選了。

7 了解六個哀悼的需求

需求 2：接納失落所帶來的痛苦

　　「所以，這就是我的生活，而我要讓你知道，我會開心也同時會傷心，並且我仍試著理解這是怎麼回事。」

—— 史蒂芬‧切波斯基（Stephen Chbosky）

- 這項需求需要我們患有慢性病的人能接受因疾病而造成任何失落所帶來的痛苦 —— 有時我們很自然地會不甘願接受。逃避、壓抑或把痛苦推開較為容易，但對於這正常且無可避免的悲傷，唯有在接納它的過程中，我們才能學會與悲傷和解。

- 當我們剛獲知罹病才幾週或僅數個月時，對於現在和未來潛在性失落的痛苦尤其會感到緊張，我們可能會一直想著即將失去的。在這階段時，暫時放下日常無法避免的痛苦，喘息一下，是很重要的。找些消遣讓自己分心一下，並與朋友和家人聊聊其他事情，是健全的做法。

- 儘管你曾經聽說了什麼，接納情感和精神上的痛苦並非「為自己感到難過」，而是誠實面對自己的想法和感受。

- 當需要接納這痛苦時，你可以隨著時間一點一點去接納；並以同等重要的休閒和歡樂時光來交替需面對的痛苦，這是健全的做法。

🌱 即時行動

今天花個半小時與你失落的痛苦並肩而坐。

需求３：記住你的過往

「你一定要傾聽過往的樂章，唱出現在，並舞進未來。」

——艾倫‧渥菲爾博士（Dr. Alan Wolfelt）

• 你的生命故事從你出生的那天就開始了，並會在你死亡的那天結束（如果你相信死後有來生，那還會有一個新的故事展開）。

• 你是否一直都患有這個慢性病？如果不是，你的生命故事在症狀或疾病來襲之前就已開始。是的，此病現在成為你生命故事的一部分；但記得，你的過往為你未來的可能性造就了希望。

• 慢性病的侵襲會是一通喚醒你的電話。接納它融入你生命的方式，並想想你的生命究竟是怎麼了，你必須花些時間回顧一下一路行來的人生。你是誰？是什麼造就了這樣的你？什麼樣的經驗和關係最是形塑你的關鍵？

• 你的生命是一個故事，試著說說你的整個生命故事，從出生到現在。把它寫下來，或說給某人聽。說自己生命故事

的過程，會有一種力量幫你把這慢性病融入述說中而無違和感——成為一則具體、有意義和有目標的故事。

- 當你回想起過去，停一下繼續細想，哪些人、哪些時刻和事件是你所感激的，在發掘這些記憶的同時，用某種形式表達你的感激之情。寫一段感謝小語、讚美一件令人「啊哈」的事，或與你覺得會跟你一樣感到欣喜的人分享一段特別的記憶。

即時行動

> 今天，打一通電話或寫一段感謝之語給一位早年時期曾以正向態度塑造你生命的人。

9 了解六個哀悼的需求

需求 4：把你的疾病納入你的自我認同中

「慢性病很艱苦、疼痛很艱苦、孤立很艱苦、經濟很艱困；悲傷艱苦而無可避免，有時甚至超乎我們的想像。」

—— 辛蒂・斯耐德（Cindee Snider）

- 你得了慢性病，接受自己是個病人的事實，這是哀悼的需求之一。

- 慢性病基本上令人感到害怕且絕非好事，雖然你可能終究感覺到這個病其實為你帶來的是禮物，但你也許還是希望不要付出這樣的代價來換取這份禮物。簡而言之，你的慢性病就是你自我認同的一部分，即使你希望它並非如此。

- 無論你喜歡與否，慢性病一路上將會成為你人生旅途中重要的一部分。就像人生中其他的挑戰，例如受虐經驗或失能，你的慢性病就是「你是誰」的其中一個面向。不，你的慢性病並不代表你，但它會是你的一部分。把這個事實納入你的自我認同往往是艱難、痛苦，且需要花費很長時間的事。

- 雖然你必須獨自修通這困難的需求，但我們知道很多患有慢性病的人最終都學到了，不僅去接受它，而是擁抱這部分新的自我。

🌱 即時行動

找一張白紙，這張紙代表著你的整個自我。現在在紙上畫出不同形狀代表你的不同面向，並標註它們；以每個形狀的大小表達它在你自我認同中的重要性。此時，代表你慢性病的形狀有多大呢？

10 了解六個哀悼的需求

需求5：尋找意義

「對慢性疾病來說，屈服是一個非常困難的話題，因為失落往往是持續不斷的。」

—— 辛蒂・斯耐德

- 當我們開始感受到慢性病的症狀或被確診時，當然也會開始對生與死的意義和目的產生疑問。

- 「為什麼」的疑惑不由自主地浮上檯面，接著，往往就是「如何」的疑問。「為什麼得發生這種事？」又「為什麼是我？」然後就是「我要如何處理並與這情形共同生活下去？」

- 有時別人教我們不要去問為什麼，他們說，問為什麼無濟於事。然而問為什麼並尋找其中意義，是很自然的反應。

- 當你面臨此一需求時，你幾乎無疑地會對自己的生命哲理產生疑問，並探索宗教或靈性上的價值觀。

- 請記得，具有信念或靈性滿足並不能消弭你對哀悼的需求。即使你相信事情的發生總有原因，或認為另有掌控一切的更高階力量，但你唯一僅有的生命已經受到了慢性病

所帶來充滿考驗而痛苦的改變。覺得傻眼錯愕,且生氣你所信任的神明竟然允許這樣的事情發生,這是正常的反應。

你目前最想問的「為什麼」是什麼?今天就找一位擅長傾聽的朋友來聊聊這件事吧。

11 了解六個哀悼的需求

需求6：接受別人持續的支持

「隨著時間過去，事情變得更糟，因為人們不再體諒你。他們一開始無法滿足你，但那也算有幫到你，然後他們對你的問題感到無趣了；然而你的問題仍然持續不變，你得獨自承擔這些問題。」

—— 伊麗莎白‧顧姬（Elizabeth Goudge）

- 身為人類，當我們經歷痛苦和失落時，需要他人的支持。

- 不要為自己對他人的倚賴而感到丟臉。假如你經歷的是生理上的不便，你可能需要很多協助，可能需要有人帶你往返去看病，需要有人陪你接受治療。你可能需要別人幫你跑腿、洗衣、顧小孩或付帳款；你也需要精神鼓勵和情緒支持。不要為此感到難過，相反地，知道有人關心，要為此而感到安慰。

- 不幸的是，我們的社會價值觀把「努力不懈」和「成功」看得太重了，因此許多患有慢性病的人在確診後不久，朋友和家人便先放棄了。我們希望這情形沒有發生在你身上，但如果有的話，要知道，很多患有慢性病的人都和你有類似的經驗。

- 還有些患有慢性病的人，在社會、情感和靈性層面的支持上，會是很好的資源，因為他們「懂」。可考慮加入病友支持團體。

- 有時在你罹患慢性病一段長時間後，朋友和家人可能會忘記你仍然需要協助。適時提醒他們是無妨的，因為你仍有持續的悲傷和挑戰，你需要持續的支持。

- 如果你無法從他人處獲得所需的協助，請提出要求。人們通常會很願意給你支持——他們只是需要一些協助，好知道如何才能幫到你。

即時行動

今天，告訴某個人至少一個他們可以對患有慢性病的你提供實質協助的方式。

12 悼念「過去」

> 「請對我耐心點。有時我沉默，因為需要自我釐清，並非我不想說話；有時就是找不到適切的語言來表達我的想法。」
>
> ——卡姆拉·博拉紐斯（Kamla Bolaños）

- 如果你還記得罹病前或慢性病確診前的日子，你就擁有「過去」。

- 「過去」往往是懷舊記憶中的珍貴部分。以前是單純的、海闊天空、充滿希望的，「過去」每一件事情都是有可能的。

- 我們患有慢性病的人常常會渴望回到「過去」——即便我們對過去的記憶過於樂觀；思念的是我們記憶中那些健康又全然的快樂，這是人之常情。

- 若是我們想念「過去」，這就意味著那是我們的失落，且有需要悼念它。我們可以透過與他人分享自己對「過去」的想法和感受來進行悼念，或寫日記、進行藝術創作，或就只是沉浸在自己的記憶中並好好大哭一場。

- 當我們主動悼念「過去」時，就將它融入了我們向前行進的生活裡。我們不會忘記過去，而是對它表達敬意，也就

能了解到，對於我們現今的「未來」生活，應該更加重視其意義和目標。

🌱 即時行動

今天，就找個方法主動來悼念你「過去」的某些部分。

13 正視任何失去的希望和夢想

> 「把破碎的夢一片片撿起來，好過連一片都沒得撿。」

—— 馬修納·杜威友（Matshona Dhliwayo）

- 慢性病使我們面對許多岔路，但在這些岔路中，有些則比其他的重要。

- 有時我們被帶到岔路口，此時我們原本雖有極度渴望的規劃，卻被迫選擇了另一條路。

- 例如，我們有些人希望有孩子，但沒辦法；又有些人可能夢想著環遊世界、接受事業挑戰，或成就一些體能技藝，但這些夢想已經因我們的病況而被迫放棄了，變得遙不可及。

- 有時當我們想到失去了的未來，就感到心碎。我們可能不想去想這些事，可能寧願否認自己真正的感覺，或轉移注意使自己不要去想；但否認和轉移注意並不能幫助我們打造新的希望和夢想。

- 主動去悼念失去的希望和夢想，可以讓我們有所調適。向他人說說這些希望和夢想，是個有效的方式；參與支持團體則是另一個方法；在日記中寫下它們，是第三個方法。

今天就抽空來主動悼念你失去的其中一個希望或夢想。

14 向朋友和家人的悲傷致意

「悲傷的人有三個需求：為失落命名，大聲說出失落之名，以及確認失落之名有被聽見。」

——維多利亞·亞歷山大（Victoria Alexander）

- 並非只有我們才會為因罹病所經驗到的失落而感到悲傷，那些愛我們的人也同樣會悲傷。

- 關心我們的人，對於我們的病情也會有各式各樣的想法和感受。有些人可能會替我們不平，有些可能會對未來將發生的事感到焦慮，還有人可能為我們所經驗到的各種限制或痛苦而感到難過；也有人會因為他們好好的，但我們不好，而感到愧疚。所有這些感覺（還有更多）都是正常的，這是人之常情。身為潔咪（Jaimie）的父親，當她被確診時，我經驗到了深切的悲傷，而且為她現在和將來所要面對的挑戰，持續地感到悲傷。

- 因應悲傷的最好方式就是對我們內在的感受採取開放且誠實的態度。對於自己的朋友和家人，你可以示範自己真誠的哀悼行為，當他們表達自己的想法和感受時，主動積極地傾聽並同理他們，幫助他們因應悲傷。

- 有時候，尤其是當病程進入危機時刻，我們理所當然的會

因為自己的生理症狀和悲傷而耗盡心力，無法參與他人的悲傷情緒。在這情形下，健全的做法就是設定界線並讓我們所愛的人知道，儘管我們能同理他們，但目前實在是負荷太重了，無法全心照顧到他們的感受；我們可以鼓勵他們暫時先與其他人分享他們的悲傷。

即時行動

有誰正為你慢性病所帶來的影響而悲傷？今天就用一些簡單的方式向他們的悲傷致意。

15 說說你的故事

「我的一生可用一句話來形容：它並不會照著計畫進行，但這不要緊。」

—— 瑞秋・沃勤（Rachel Wolchin）

- 正如我們之前所提到的，慢性病是一種重大形式的失落。在我們試著將失落和疾病持續存在的事實與我們的生活整合起來的過程中，我們需要做的其中一件事就是把這故事說出來。

- 把我們生病的故事說出來能使整件事情完整。當我們對其他人述說生病的始末、診斷中所經歷的步驟和檢驗項目，以及自那之後的病症、治療情形和心路歷程，我們就產生了一段描述，把所有混亂的日子和所發生的事件串接起來，織就出一則真實的生命故事。

- 故事使我們理解這個世界和我們自己，也讓其他人了解我們所經歷的事情。

- 因此不要害怕說出你的故事；當時機到來或你覺得被迫得說時，就說給他們聽吧。把你的故事寫在日記裡或部落格中、把故事畫在畫布上、藉由服務有類似需求的他人來見證你自己的故事。無論你如何敘說自己的故事，說故事本

身就能使你活在更完整、更真實且表裡一致的生活中。

- 請務必放在心上，通常你會發現，有些人願意聽你的故事，有些人則不。挑選一下聽的對象是有必要的，選擇你覺得安全的地方和人來分享你的故事。

🌱 **即時行動**

> 今天就以某種形式說說你的故事，至少說出其中的一部分。

16 休息和睡眠優先

「休息不是偷懶，那是一帖藥！」

—— 葛藍・史懷哲

- 我們罹患慢性病的人，會有一些每天非做不可的自我照顧守則。

- 服藥了沒？有。該量的量了沒？有。該處置的做了沒？有。

- 有品質的休息和睡眠對我們的健康也不可或缺，把這件事放在心裡很重要。

- 簡而言之，我們的身體需要好好休息和睡眠，這比什麼都重要，因為我們的病情極度耗費體力，需要定時恢復和修復。當你覺得累了，就休息。養成在累過頭*之前*就先讓自己休息的習慣，那更好。

- 你的休息和睡眠習慣是否良好？如果不好，要和主治醫師討論你覺得有困難的地方。失眠、睡眠呼吸終止症、不寧腿症候群、易驚醒、淺眠、長期疲勞，以及其他議題，這些情形幾乎都會加重你的病情，並嚴重損害生活品質。別再讓睡眠問題持續下去，採取行動吧！

即時行動

今天就採取行動，好品質的休息和睡眠是優先考量。

17 傾聽你的身體——還有心靈

「自我照顧成為一種新的優先選項——令人意外的發現，最理想的可行之事就是傾聽自己的身體並照著它的需求去做。」

——法蘭西絲‧萊恩（Frances Ryan）

* 我們大部分的人都很能注意到自己的想法，但卻常常用我們的理智來代言。事實上，我們很容易溜進一個迷思，以為我們就是理智上所想的那樣。

* 對我們許多人來說，學習傾聽我們的身體往往需要做意識層面的練習。現在，閉上雙眼，用心掃描自己的身體，從腳趾開始一路向上掃描。你的身體感受到什麼？有哪裡感到傷痛嗎？有沒有感受到好的能量，或想要掃描其他地方？覺得冷嗎？熱嗎？舒適嗎？精神飽滿？空虛？還是疲累？

* 一旦我們變得比較能適應自己的身體，我們就更能好好照顧它們，並在它們需要處理時有所行動。

* 學會傾聽我們的心靈也是具有挑戰性的，但這能給予我們極大的回饋。當靜坐、祈禱、在大自然中消磨時光，以及參加其他靈性活動時，我們就與心靈有所連結並滋養了

它。我們會發現靈魂的火花（divine sparks）──那是我們內在對於生命意義和人生目標無時無刻、若隱若現的渴求。

- 我們越是學會關閉理智然後傾聽，我們的生命就越美好。

🌱 **即時行動**

今天保留兩段十五分鐘的休息時間：
第一段時間傾聽並關照自己的身體。
第二段時間傾聽並關照自己的心靈。

18 記得尊重自己

> 「首先愛你自己，然後其他每件事都符合這原則。
> 你真的需要好好愛自己，才能把這世界上的一切事情都
> 做好。」
>
> ——露西兒·鮑爾（Lucille Ball）

- 尊重自己是每個人追求幸福不可或缺的條件。做到極佳
  的自我照顧和具備自我疼惜的能力——更不用說自我實
  現——來自於堅固的自我尊重基礎。

- 當我們患有慢性病的人以自我尊重為基礎而生活時，我們
  不只會對自己仁慈且好好照顧自己，也能夠持續不斷地為
  我們最好的生活而奮鬥——而且我們若是做了對自己較不
  健康的抉擇時，也才能夠原諒自己。

- 尊重自己亦使我們能與自己和他人保持一致性（請見第
  49 則），並且坦誠而仁慈地做溝通。

- 對許多患有慢性病的人來說，尊重自己的另一條件就是不
  輕易把自己想成是受害者或「不如人」。我們在生活上的
  確會有生理或精神健康的議題，但哪個人不是活在某種形
  式的挑戰中呢——尤其是那些對世人來說不那麼顯而易見
  的挑戰。

- 愛自己和尊重自己就是這本書的重心，一切都從這裡出發。

即時行動

還有沒有什麼你對自己不夠尊重的行為？今天就把它說出來。

19 把自己放在第一順位

「生命中大多數的陰影，是由於我們站在陽光中。」

——拉爾夫·沃爾多·愛默生（Ralph Waldo Emerson）

- 「在幫助他人之前，先把自己的氧氣罩戴上。」如果你常搭飛機，應該聽過很多次這樣的指示。

- 這是個好建議，畢竟如果你自己的狀況不夠好，就不能幫助那些依靠著你的人。

- 這策略對慢性病也同樣適用。如果你不好好照顧自己，不只你的健康和生活品質受影響，也沒有立場去支持你所愛的人；而且他們看著你受苦或每下愈況，也會更加痛苦。

- 所以，允許你把自己放在第一順位。什麼對你是最好的，那也會是對你生命中的重要他人最好的；這真的是個雙贏的局面。

如果你沒有把自己放在第一順位的習慣，剛開始可能
會覺得這樣很彆扭或自私。今天就找個方式把你自己
的需求放在第一，持續這麼做直到習慣成自然，且彆
扭的感覺逐漸消失。

20 確認可以幫忙的人

「有一位懂得如何表達和接受善意的朋友，比擁有任何財物都好。」

—— 索福克勒斯（Sophocles）

- 面對慢性病，並非每個人都可以幫得上忙；而且有些人在這議題上的某些方面很有辦法，但其他方面就不行。

- 首先，我們要能看出哪些人無法幫得上忙，這很重要。這並不表示他們不好，而是他們有其他長處和做法。

- 有些天生就不是好幫手的人，可能正是我們最親近的人——朋友和家人。我們無法改變他們，但我們可以試著欣賞他們原本的樣子，就像我們也希望他們能夠欣賞我們原本的樣子。

- 我（艾倫）時常提到「三分定律」。在我的經驗中，人生中有三分之一的人對你在疾病上的需求是保持中立的，他們不會幫助你或傷害你。三分之一的人是有害的，甚至最後還讓你覺得比遇到他們之前更糟。還有三分之一的人則會是具有同理心且充滿希望的陪伴者。

- 每當你需要幫助和支持的時候，確認並找出屬於那最後一群的家人朋友，他們會是你的靠山。那些屬於第一群的

人，可能在實質事務上很適合提供協助或可與他們開心玩樂。避開第二群人，尤其當你感到脆弱時；同時也試著去理解他們之所以有這缺點，其實是因為他們自己的生命中深藏著痛苦——並不是針對你。

即時行動

誰在你的助人名單中？今天就想個方式感謝他們吧。

21 確立意圖的練習

「你不是變得更慘就是變得更好，就是這麼簡單。
你不是接受打擊，讓它使你成為更厲害的人，就是讓它
毀了你。這個抉擇不在於命運，而在於你自己。」
　　　　　　　　　　　　——喬許・希普（Josh Shipp）

- 確立意圖（intention setting）是一種自我照顧的練習，它
  引導我們意識到所渴望的是什麼，並釐清這個想望，於是
  我們可以做小規模的決定，一點一點地完成它。這說法與
  「堅決肯定」很相近，也就是用清晰思慮的力量激勵自己
  走向自己所想要的結果。

- 當你為處理自己的慢性病或選定某種方式度過今天而確立
  了意圖之後，你就真正承諾了要對自己的病程有正向的影
  響。你要在自己的經驗中選擇當個「被動的見證人」還是
  「積極的參與者」。

- 確立意圖的概念，是預設你外在所呈現的事實反映著你內
  在的一部分想法和信念。如果你能夠改變或形塑一些想法
  和信念，那麼你就能影響真實的自己，所以記載或講述
  （還有祈禱）你的意圖，有助於它們的「確立」。

- 每天早上一開始就試著確立你這一天的意圖，它可以很簡

單，就像「我今天想要練習多一點耐心」或「我今天要對每一個與我互動的人微笑」；或可以是大一點的，例如「我要抱持著康復的希望」。當一天結束時，把今天所完成的意圖記錄下來，並想想明天的意圖會是什麼。

🌱 **即時行動**

確立你今天的意圖，或如果今天已經晚了，就確立明天的意圖。

22 寫日記

「健康就是你的身體為你保存的日記。」
—— 泰芮 · 基爾美茲（Terri Guillemets）

- 或許你認為自己不是個作家而想略過這則建議，但請先容忍我們一下，因為寫日記並不是只有作家才會做的事。

- 寫日記是個能讓你的想法和感受釋放出來的有效方式，重點不在於用字遣詞或寫作本身的品質，而是表達與抒發。

- 只要你感到焦慮、煩心、生氣、傷心、罪惡感，或任何其他不舒服的感覺，寫日記對你是有幫助的。只要花幾分鐘把這些感受放在紙上，就成了！—— 看看是否感覺好多了。

- 你的日記可以聚焦在寬廣的或細微的議題上；可以選擇天天記錄慢性病的症狀，以及什麼事會使你覺得好過些（或更糟）；或可以寫個希望日誌，在其中寫下對於未來的希望和夢想；或只是建立簡單的清單，記錄一整天下來印象深刻的事情—— 也許是那些令你發笑的事。

- 你不需要是一位大廚師，才能準備一頓健康而美味的餐點；同樣，你也不需要是一位作家，才能寫日記；只要你願意嘗試就可以。

即時行動

今天就花五分鐘試寫一下日記吧。

23 注意否認的心態

「否認是一個很好用的防衛機制，除非它變得無效。」

——羅莎琳‧凱普蘭（Rosalind Kaplan）

- 當我們發生了不好的事情，否認是個非常好用的利器——就短時間來說。它幫助我們度過創傷發生的當下，否則的話我們將無法承受。震驚、麻木和否認是我們身處壞消息或可怕經驗後的自然反應，它們就像包裝用的氣泡膜，可以保護我們的心靈。

- 我們很多人都在慢性病病程上的各種時間點經歷過震驚、麻木和否認。我們可能在聽到確診的訊息後感到震驚和麻木；我們有時可能曾經對於需要服藥或嚴密監控自己的健康狀況而產生抗拒。

- 雖然震驚、麻木和否認在短時間內具有保護特質；但就長遠來說，它們是有反效果的。否認我們生病了需要特別照顧，等於是對自己否決我們可以達到且維持最好的健康狀態。否認我們獨特的需求和可能受到的限制，會逐漸毀壞我們活在最佳狀況的能力。

- 相反地，對自己的實際情形採取完全開放的態度，帶著意

識地關注它，讓我們活在自己的真實狀況裡，並接受我們所需的照顧和支持。否認的相反是承認，每天依照我們病況的變化做調整，並全然承認這個事實，這不但是負責任的表現，也是肯定生命價值的作為。

即時行動

你對於自己的慢性病，在任何方面有感到卡在震驚、麻木或否認之中嗎？若有，今天就向前跨一小步，突破它。

24 培養對你有效的靈性修習

> 「有了靈性平衡……你可以處理生命帶給你的任何事情，並知道你可以面對。即使是在痛苦且不喜歡的情境，仍可以發現其中的意義和目的。」
>
> ——梅爾・波爾博士（Dr. Mel Pohl）

- 失落、悲傷和哀悼都是最首要且最重要的靈性旅程。是的，它們在生理上、認知上、情緒上和社交上對我們也都有影響，然而由於它們源自於我們最深層的渴求、希望和愛，所以又是我們一生中將會面對最大且最深的挑戰。

- 靈性上的困境以靈性修習來處理，最為有效。

- 無論你把它歸因於宗教、靈性信仰，或單純只是靈性懷疑或追尋，靈性修習可以協助你探索自己的靈性層面，以及你對這一生和身後之意義與目標的理解。

- 我們建議，每天保留半小時，你可以用這時間做任何你覺得可以讓自己和內在活力、大自然、神明及天地萬物交融的修習。靜坐、禱告、走入大自然、瑜伽、表達感恩之情、藝術創作、對他人提供服務，以及許多其他活動，都可以協助你哺餵自己的靈魂，並進入具有意義和目標、且更深層的生命。

即時行動

今天就保留半小時來做靈性修習，把這時間花在一件你已知對你有效的靈性活動上，或嘗試一些新的方式。

25 理解展現脆弱就是堅強的表現

　　「有勇氣展現脆弱就發揮了脆弱的力量，也就是站出去、被看見的意思。為你的需要提出請求，談論你的感受，進行困難的對話。」

　　　　　　　　　　　——布芮尼·布朗博士（Dr. Brené Brown）

- 有些患有慢性病的人傾向咬緊牙關，他們不想抱怨，造成別人的不便，或用他們的治療與診斷細節讓人覺得「無聊」，於是他們穿上「我很好」的盔甲，還有「不要擔心我」、「我沒事」，有沒有覺得很耳熟呢？

- 但矛盾的是，要展現脆弱其實需要更多勇氣。要我們把胸膛的拉鍊拉開，讓別人看到我們的悲傷、我們的恐懼，甚至我們最珍貴的希望，這是更嚇人的。

- 勇敢地展現脆弱，如果你覺得還不習慣或不善於這樣做，不妨從小處開始。告訴一個人一件小小的但有意義的、關於你自己的，卻是你很少提到的真相，看看會發生什麼事。

- 向別人解說你的病情可能看來很難，你可能會覺得他們無法真的理解；但那些關心你的人會想聽。讓身邊的人知道你正在經歷的事情，會讓慢性病偶有的隱藏世界有被看見

的感覺，且能令你覺得較有完整和真實感。

• 當你允許自己變得越來越脆弱時，你真正為自己開啟的是更加貼近生命——是的，會有更多潛在的痛苦，但也有更多的意義和樂趣。你會發現有時跟著脆弱而來的痛苦非常值得，那是關於存在、真實和關係的深厚大禮。

🌱 **即時行動**

今天，就讓你自己在某個小地方，以具有意義的方式脆弱一次。

26 靜坐

「靜坐是一個使心靈淨化和寧靜十分重要的方式，
身體可因而恢復活力。」

——狄帕克·喬普拉（Deepak Chopra）

- 每天靜坐在很多方面對我們都有幫助，它可以使我們與自己的靈魂火花有所連結，並使之更為堅強；它可讓我們在認知上感覺不那麼有壓力；甚至可使我們在生理症狀上的感受放鬆一些。

- 真的嗎？靜坐對我們的身體有幫助？是的。慢性病的生理症狀（包括慢性疼痛）對有些人來說，常常會因為我們對這症狀的心情，以及我們告訴自己有關這些症狀的故事而惡化。靜坐可以使我們的負面情緒軟化，並幫助我們產出較為肯定的故事。

- 當經歷到疾病帶來你所不希望有的生理症狀時，是否會心煩、生氣或感到困擾？倘若如此，雖說這些感受是人之常情且可以理解，卻很可能使你的生理症狀更為糟糕。這是因為當我們心煩時，我們的身體就釋放壓力相關的化學物質，並激化發炎反應。相反的，如果以靜坐來觀察並接受我們受到困擾的心情，則這些感受就會減輕，我們的生理症狀也因而緩解。

- 我們告訴自己有關這些症狀的故事，這也扮演著重要角色，有些常掛在嘴上的說法像「我總是在生病」、「人生本就不公平」，以及「我再也不會好轉了」，這只會使身體的壓力反應更加惡化，這是惡性循環。透過靜坐，我們可以選擇把這些自我損毀的故事轉換成其他對我們有益的故事。把靜坐放在肯定生命價值的祈禱文中，例如「我對這一天充滿感恩」、「我覺得滿足」，以及「我今天的意圖是＿＿＿＿＿＿」，這些對於我們轉換生命的經驗是有力量的。

即時行動

今天用你此刻最需要的、肯定生命價值的祈禱文來靜坐。

27 活在當下

> 「而你就活在當下，管他三七二十一。」
>
> ——露琵・考爾（Rupi Kaur）

- 你是否很幸運地認識一些即使是身障或患有慢性病的人，仍散發著希望、喜樂和仁慈，而無別的悲觀想法？

- 這就是活在當下帶給我們的樣貌，它引領我們盡己所能地抓緊每一當下的生命。

- 當然，有時帶著慢性病活在當下，意味著要去經驗和述說我們的症狀。我們從來不需要高調地假裝開心，當我們覺得累了，就休息；當我們悲傷，就哀悼；當我們痛了，就使用對我們有效且健康的疼痛控制方式因應。採取自我照顧的行為，是具有意義的。

- 活在當下令人驚奇的是，每一時刻都有奇蹟發生。現在，看看你的周遭——即使你躺在床上！打開你的五個感官，可以看到什麼、摸到什麼、嘗到什麼味道、聞到什麼，以及聽到什麼，這是多麼值得探索和感恩的呢？

- 活在當下不是把焦點放在我們所缺乏的，而是聚焦在我們當下所擁有的。有個諺語說：另一邊的草皮總是比較綠；事實上最綠的草皮永遠是你可以用腳趾去探索的那一塊。

即時行動

現在看看你的周遭，用你的五個感官去接觸：看到什麼？聞到什麼？聽到什麼？嘗到什麼味道？感覺到什麼？回到其中一個感官，坐著花一、兩分鐘探索並表達感恩。

28 有效運用就醫機會

> 「醫生和病人需要共同合作以尋求可以增進健康、避免傷害，以及免除醫療浪費的照護。」
> ——埃米爾‧夸錫姆博士（Dr. Amir Qaseem）

- 我們患有慢性病的人與醫療人員時常會有愛恨交織的關係，愛他們是因為他們協助我們處理自己的症狀問題以及病程；恨是因為他們對我們的戳、刺、搖頭拒絕、叫我們吃藥，還不得不占用我們很多時間。

- 基本上，罹患慢性病就像一個你不想做的全職工作——而且還是個不想要的全時存在狀態。

- 但如果我們對就醫一事換個想法，便能重塑這個經驗。首先，我們對每一次的就醫創造一個簡短、有效率的準備儀式。也許我們可在就醫前的早上或前一晚花個五分鐘想想此次看病的目的，並寫下任何我們想要確認的問題，可以準備一本醫療筆記來進行這件事。其次，我們要確認自己是一個團隊的成員，這不是我們與醫療人員的對抗，而是我們是這個團隊的主角。第三，我們可以調整自己，對於每一次的戳、刺都懷著感恩的心情。沒錯，醫療制度的確不夠完善，但我們活在一個健康照護比從前更好的時代；謝天謝地，有醫生和護理人員；謝天謝地，有全人照顧的

醫院；謝天謝地，有影像科技、外科技術的研發、先進的治療、有效的藥物、善良的言語和微笑。

• 醫療照護是項權利，也是殊榮，讓我們好好利用吧。

即時行動

今天，為下次的就醫做好筆記，並設定提醒自己的方法。

29 若有疼痛，要尋求協助

「時間不能治癒慢性病，但它在改善病情上很重要。改變、復原且有所進展是要花時間的。」

——梅爾·波爾博士

- 慢性疼痛，毫無疑問是慢性病最具挑戰且最普遍的情形之一。根據美國疾病管制中心（Centers for Disease Control）的資料，美國有五千萬人有慢性疼痛的症狀，其中約有兩千萬人有所謂的「高影響慢性疼痛」（high-impact chronic pain），也就是說嚴重的疼痛經常使他們的生活或工作受限。

- 如果你正是其中經驗著慢性疼痛的病患之一，我們很心疼——而且我們還發現，這通常沒什麼簡單的解決之道。檢視慢性疼痛之治療選項的工作，不是這本書討論的範圍，但我們確實知道一些可利用的管道和資源，從物理治療和疼痛藥物，到針灸、按摩、靜坐、運動、神經刺激、心理治療，及其他種種。

- 疼痛專業醫師強調，人們不應在慢性疼痛中度日，許多醫師相信，依個人需求打造的綜合治療選項，對每個人都能有所幫助。

- 如果你還未找到有效的緩解疼痛治療方案，請持續嘗試不要放棄。向不同的疼痛專家尋求第二或第三種意見，聽聽其他過來人的建議。要像你的疼痛那樣頑固，並允許自己渴求大量的愛、支持和自我疼惜。

即時行動

如果身處疼痛，今天就去尋求協助。

30 若你還年輕，及早建立良好習慣

「早年養成的好習慣使人終身受益。」
—— 亞里斯多德（Aristotle）

- 慢性病不是短跑賽事，它是一場馬拉松；其實往往是一場終生馬拉松。

- 我們越快建立日常生活的好習慣，就短期和長遠來說，我們的生活品質都會越好，就是這麼簡單。

- 在生理上，良好的自我照顧是一系列好習慣的首要任務，但在認知、心情、社交以及靈性層面上，每天好好照顧自己也不可或缺。

- 所謂的好習慣就是，它們不會真的要你花費很多額外的時間和精力；然而當你把它們加總在一起，在我們如何去感受和經驗自己的生活上，就創造了一個不同的世界。

- 那麼如果你已經不再年輕了呢？正如諺語所說：種一棵樹的最好時機是二十年前，其次的好時機就是現在。

即時行動

告訴自己若有人與你情況相同，你覺得他在日常生活上最該努力培養的好習慣有哪些。今天就開始培養這些習慣。

31 對於「戰勝」二字，重新框架適合你的理念

「帶給你壓力的原因並非你所處的情境，而是你的想法，且此時此刻你就可以改變它。你可以在此時此刻選擇平靜以待，平靜是一個選擇，它與別人怎麼做或怎麼想都無關。」

——傑瑞·詹波斯基醫師（Gerald G. Jampolsky, M.D.）

- 「戰勝疾病」的想法，在我們的文化思想裡已經行之有年且是顯學，我們談論那些英勇或勇敢對抗癌症或其他對生命具有威脅性疾病的人；然後當他們離世了，我們有時也會說，他們打了場敗仗。

- 用戰爭來隱喻疾病很合理，對有些人來說可以產生動力；但對其他人來說，卻會有不適切、空洞或甚至被責難的感覺。畢竟，如果你要打倒疾病，但無論做了多大努力還是被打敗，你可能就會覺得自己不夠努力或做得不夠好，對吧？有些研究顯示，把自己的疾病視為「敵人」的人，易有較高程度的挫折感和焦慮感，且生活品質也較差。

- 我們經歷著慢性病的每一個人都需要決定，我們是要戰勝這個疾病，還是與它為友？我們是要進行一場戰爭，還是要與之和平共處？我們是要趕盡殺絕，還是著手去掌控和

處理？

- 沒有正確的答案，只要對你有效的方法，都可以作為讓你活出最佳生活的利器。但就是要知道，這是一個選擇，是你的選擇。

🌱 **即時行動**

> 花幾分鐘想想看你對「戰勝」疾病的想法有什麼感覺。如果你願意的話，也可以做個決定，重新調整想法和所使用的字眼。

32 檢視你對罹病這件事的信念

「我每天都在以一種人們不了解的方式為我的健康奮戰。我不會偷懶，我是一名戰士！」

——佚名

- 當我們還是孩子的時候，我們從父母和其他具有影響力的成人那裡學會了許多價值觀和生存方式。其中一些是很明確有說出口的，但另有一些則是潛規則和評價。

- 花個幾分鐘想想看，你家人大多數對於疾病的價值觀、潛規則和評價。對於生病該如何看待，以及生病的人應如何被對待，你所學到或吸收的是什麼？

- 生病是否被視為虛弱，或應該被縱容？有人是否會裝病或誇大病情以求得他人的照顧？對醫生是否要百依百順？或因為收費太高或「沒有必要」而很少看醫生？疾病是可以公開而坦誠地談論，還是得偷偷摸摸或令人覺得丟臉？疾病相關的科學與治療有受到重視，或是被忽視？

- 現在想想看，直到現今，這些價值觀、潛規則和評價是如何形塑了你對自己慢性病的經驗。它們對你有幫助嗎？或是阻礙了你？

- 檢視你對生病這件事的信念，可以協助你了解它們——而且若是你願意，也可以修飾它們。你有權只選擇那些能使你被了解、受到支持與愛的信念。是的，你無法改變別人相信什麼，但你可以改變自我對話，使它們具有支持力並充滿愛。

🌱 **即時行動**

今天，就花幾分鐘跟其他人聊聊你自己和他們有關於生病的信念，把這些比較記錄下來。想想這些信念對今日的你來說有什麼影響。

33 想哭的時候就哭

「他們當中必然有我們可以倚靠和哭泣的對象，且事後我們還是會被視為戰士。」
——艾德麗安·里奇（Adrienne Rich）

- 哭泣是一個如此有效的表達悲傷的方式——換句話說，也就是哀悼。那是我們身體賀爾蒙的自然機轉，當面臨急性壓力並想擺脫它時，就會自然表現出來。

- 你知道人類的淚水有三種不同的形式嗎？每一種都有它們各自的化學組成物質。基本淚水可使我們的眼睛保持濕潤；反射性淚水可洗去有害氣體（例如我們切洋蔥時所遇到的情形）；而心理性的淚水則釋放強烈情緒，像是快樂和悲傷。

- 因此當你想哭時，就要哭！這對你的身體是有益的，而且也對你的心和靈有好處。生活在慢性病所帶來的悲傷中，能把內心的感受表達出來是很重要的。

- 並非每個人都很會哭，因此若你不常覺得想哭，那也沒關係。但你還是會有情緒，所以學習對它們投以關注，並選擇適合你的方式表達出來，一樣十分重要。

下次當你覺得想哭時，就讓自己哭。注意哭完之後你
的感覺如何。

34 練習沉著以對

「在內心深處，人性天生是平和、平靜而美麗的。
宇宙整體是完美的，混亂是表象。」

——阿密特·雷（Amit Ray）

- 沉著就是即使身處混亂與衝突的迷霧之中，仍保持內在與
  外在的平靜和鎮定。一心想著頭腦清醒、泰然自若、禪。

- 罹患慢性病的我們，時常無法全然掌控自己將會發生什麼
  事，或周遭會發生什麼；但我們可以學習專注而平靜地因
  應那些困境。

- 培養沉著的態度有很多好處，包括降低我們體內有害的壓
  力賀爾蒙；能較平靜地面對並經歷所處境遇；當具有時效
  性的危機出現時，能做出較明智的回應；還有獲得他人的
  友善對待等，在此僅舉幾個例子。

- 靜坐、瑜伽、生理回饋、認知行為治療，及其他正念方
  式，都可以教導我們如何因應並沉著度日。任何人都可以
  做得到，但就是需要練習。

今天，當事與願違時，試著認真地沉著以對。在情緒最激烈的當下，若是有需要，可用正念呼吸（第5則）來輔助。注意採用了沉著的方式應對之後，你的感覺如何。

35 了解身心合一

「你的健康來自於你的作為。任何你所做和所想的事，不是加成你所擁有的生命力、能量和心靈，就是摧毀它們。」

——安·威格摩爾（Ann Wigmore）

- 我們的身體回應著我們的想法和情緒，帶著焦慮或負面想法與情緒的生活型態，使我們的慢性病變得更糟。

- 我們的身體透過生物化學而運作，神經路徑將我們的大腦與肌肉和器官連結。當我們懷著令人苦惱的想法，或感受著令人苦惱的情緒，我們的大腦就命令身體釋放賀爾蒙和神經傳導物質至全身系統，以生物化學的求救形式溝通，並抑制免疫系統。你知道嗎？例如曾有研究顯示，癌症病人的沮喪心情可透過團體治療緩解，經過一段時間後，他們活得更久了。

- 正念練習，像是靜坐、瑜伽、催眠治療、太極，以及其他方式，不只讓我們體驗到更多平和與平靜時刻，它們也能夠減輕我們的慢性病症狀。

- 簡而言之，當我們學會覺察並運用身心合一的練習時，我們的生活會變得更好。

🌱 即時行動

今天就花個半小時，選擇一種正念練習。

36 了解孤立與獨處的不同

「寂寞代表著獨自一人的痛苦，但獨處代表了獨自一人的光輝。」

—— 保羅・田立克（Paul Tillich）

- 當我們（在生理上或心理上）感受到慢性病的痛苦時，可能會想要抽離現實，這是人之常情。在這樣的時刻，尋求庇護遠離外界干擾，這是正常的現象。

- 除了生理上的緩解，我們也需要獨處的平靜，以感受我們的感覺，並思考我們的想法。慢下腳步，轉身向內，有時我們需要培養獨處的習慣。獨自一個人並非是大家以為的壞事，它其實是一種祝福。畢竟，我們都是獨自一人來到這世上，且我們也將獨自一人離去。我們每個人都是宇宙中的一個獨立小孩。

- 但有時，患了慢性病的我們也會過度的自我孤立，把自己與他人切割，因為這樣看來好像比較容易，或比較實際些。獨處是具有生產力的，但孤立則是令人限縮的。當生命中有著這麼多的狀況時，想要從中取得平衡並作均勻分配，將會是個問題。

- 如果我們過度孤立自己，就一定要想辦法與他人接觸。我

們可以建立新的日常，與朋友、家人、鄰居、同事、同好，以及其他可以共享經驗的人一起消磨時間。建立關係不只豐富我們的日常生活，也能在我們需要實際幫助或陷入絕望時仍有支持網絡。

🌱 **即時行動**

> 花片刻時間看看自己在獨處相對於孤立兩者間的平衡度，你覺得自己做得如何？哪方面需要增加或減少一些？做個實際檢視，問問好友，看他們覺得你在這方面做得如何？

37 找到其他「懂」你的人

「當你悲傷孤獨時，不要相信你對自己說的話。」

——佚名

- 你走在一條獨特且個別的旅程，但你並非獨自一人；還有其他有著相同或類似經驗的慢性病患者。沒有任何兩個人會有一模一樣的經驗，但經驗重疊及有共通性的患者可是大有人在，這就非常值得你向外找到「自己人」。找到與你患有同樣疾病的其他人，可使你覺得真的能夠被同理，並能讓你向那些即將要經歷同樣奮鬥和挫折的人伸出援手。

- 線上論壇是個與他人分享經驗的便捷途徑。參與線上群組或社群網站的論壇，其中一件很棒的事就是，你可以依照自己的喜好盡情地或保守地分享經驗，但卻可以看到所有你想知道的事情。革命情感很快就建立起來，且大家時常互相給予高度支持，還有像症狀緩解、成功治療等現成的訊息。

- 面對面的支持團體則是另一個好選項，尤其是相同慢性病的團體。問問專科醫師有關社區支持團體的資訊，或打電話至你居住所在地的醫院或圖書館找找看這方面的選

項。[†]

- 我們希望你會有一些能給予大力支持且願意傾聽的朋友和
家人；儘管你已經有，加入能夠分享經驗且懂你的群體，
可彌補你在家人朋友那裡無法獲得的需求。

即時行動

今天就走出去與那些「懂」你的人建立關係並加強
聯繫。

[†] 譯者按：台灣的圖書館沒有提供支持團體相關訊息的服務，我
國提供社區支持團體相關訊息的來源，除了醫院，可向衛生
局、衛生所或里長詢問。

重新定義尷尬事件的意義

「答應我，你會永遠記住：你比你所相信的更加勇敢，比你看起來的更為堅強，且比你以為的更聰明。」
——艾倫·亞歷山大·米恩（A. A. Milne）

- 我們患有慢性病的人很了解，有時無論我們怎麼計畫與準備，身體就是會做出令人尷尬的事情。

- 依所罹患慢性病的不同，我們可能會在隨便哪一天就卡住、跌倒、恐慌、昏厥、弄髒自己，或經歷任何公開的（甚而有些時候是危險的）窘境。

- 要避免這樣的尷尬情境，可能會使我們只想整天待在家裡足不出戶；但除非我們真的因為病情被綁在家裡，否則，選擇孤立不出門參與人群，只會限縮我們的生活。

- 相反地，對於尷尬事件，我們可以選擇重新看待它的意義。我們可利用這種情境扮演起老師，機會教育別人，讓他們知道發生了什麼事，且為什麼會發生；或者我們可以誇大這種發生在人類身上的怪事，並開個小玩笑；或是我們可以藉著這些經常會有的情境，加強與他人的親密感。我們甚至可以趁此機會結交新朋友，或與現有的同伴更加親近。

- 當我們的身體背叛我們時，感到尷尬是正常的，且是人之常情；但記得我們談過的關於脆弱（第 25 則）：它為我們開啟存在、真實和關係的禮物。

🌱 **即時行動**

> 想想看你的慢性病有時會令你尷尬的事情，現在再想想你可以如何重新框架這情境，將它視為是一種機會。

39 點燃希望

「當意想不到的事情發生時，燈塔就是希望。一旦
我們選擇了希望，每一件事都變得有可能。」

—— 克里斯多福・李維（Christopher Reeve）

- 希望是即將有好事會發生的期盼，它雖是向前看，但在當
  下會使我們覺得受到激勵。

- 希望是與慢性病共處不可或缺的要素，我們認為培養此習
  慣，是各位讀者應放入每日任務中的要項。

- 那麼我們如何點燃希望？首先在我們感受到希望時，要意
  識到它並正視它；其次是每一天都認真花時間致力於這個
  希望。

- 首先，想想什麼讓你覺得有希望。若是你願意，腦力激盪
  一番並列出一份清單。任何你覺得可以點亮希望的事，無
  論是明天、下週、下個月、明年，或甚至數年後的希望，
  都可以列在這張單子上。你的希望項目可以是小事（像是
  與朋友聚會），也可以是大事（例如買房或旅行）。

- 其次，想想有什麼方法是你可以每天與希望整合的事，在
  此提出一些想法：計畫拜訪一位很久不見的朋友；靜坐冥
  想一個希望的訊息；在一間喜歡的餐廳訂位；在圖書館預

約一本你會喜歡的書、有聲書或電影；閱讀有關慢性病患者美好生活、充滿希望的相關文章和故事；規劃一個假期或宅度假；每天花五分鐘想像你所渴望的未來；建立一個願景板[†]。

- 我們的疾病不是我們的選擇，但懷抱希望卻是一種選擇。讓我們選擇它吧。

🌱 **即時行動**

> 認真地把希望併入今日任務，明天再重複，再一個明天、又一個明天，永不休止。

[†] 譯者按：願景板（vision board）是有圖片和文字的拼貼，用以表達一個人的希望和目標，可當作一種激勵或動力。

40 查詢補助資源

> 「堅強的人，是當有需求時能夠開口尋求幫助的
> 人。」
>
> ——羅娜・巴瑞特（Rona Barrett）

- 如果醫療費用高、工作受限、照護孩子需要生活費，或其他因你的慢性病方面的經濟需求使你或家人財務緊縮，這正是你提供自我照顧的絕佳機會，不妨查查看相關補助的可能性。

- 有一些協助病人的計畫可以補助支付或減免處方箋醫藥費，上網用「處方箋用藥協助」（prescription drug assistance）關鍵字查查看。[†]

- 地方上的非營利組織，例如教會或聯合勸募組織經常提供無條件的緊急救助，可協助支付食物、住居、醫療或其他花費。請電洽你所在區域的聯合勸募組織，或至衛生福利

[†] 譯者按：台灣國內領有健保卡者大多數只需負擔部分醫藥費用，領有「重大傷病卡」或「身心障礙證明」者醫療費可獲得減免，詳情請查詢「衛生福利部中央健康保險署」網站，健保服務＞健保醫療費用＞就醫費用與退費＞就醫費用項目＞部分負擔及免部分負擔說明。

部社會及家庭署網站查詢。††

- 你可能符合政府的補助條件，例如減免住居花費、食物津貼、醫療補助等。當有需求時，可以把申請這類的協助當作一個必要的自我照顧任務來考量。

🌱 **即時行動**

> 如果你需要經濟支援，今天就去查查看相關訊息。如果把事情說出來會有幫助，可與一位疼惜你的朋友或家人一起腦力激盪尋找資源。

---

†† 譯者按：台灣國內相關社會福利補助資源，可向你所就醫的醫院社工人員尋求協助，或電洽各地縣市政府社會局。
我國各類慢性病之非營利組織及相關網站整理於本書附錄。

41 培養親密關係

「靈魂會奔向那個能給你家的感覺的人。」

——哈特（N. R. Hart）

- 我們之前已經談了很多向外尋求愛與支持，以及社交的重要性。無可爭議的是：對我們大多數人來說，愛和人際關係是過好日子的重要因素。

- 在親密關係中，是我們對他人呈現最柔軟且脆弱的自己的地方，這種關係可能是、也可能不是性的方面，我們也有可能與最好的朋友或家人形成靈魂伴侶的關係（而性關係則不一定是親密的，親密需要有情感的連結）。

- 慢性病有時看來似乎是親密關係的絆腳石。我們的「問題」是，不想造成別人的負擔，或自以為會令人討厭，於是就避免與任何人過從甚密。

- 我們必須好好愛自己，愛夠了才會了解，我們有需要也值得被愛，並且擁有親密關係。那些能與我們形成親密連結的人，他們有時也可能有自己的煩惱。我們並不差，還有其他幸運的人擁有我們，就如同我們幸運地擁有他們一樣。

今天就來培養一段親密關係。

42 建立可預測性

「我自己的健康處方就是少點紙上作業，多些光腳丫在草地上奔跑的時間。」

——泰芮‧基爾美茲

- 罹患慢性病使人精疲力竭的其中一環，就是每天一成不變的不確定性，至少對我們某些人來說是如此。我們可以照著原定計畫去做什麼，還是不行？我們會覺得沒問題，還是不理想？我們的身體可以撐過一整天，還是不能？

- 儘管我們的感受會如何或身體會有什麼反應都存在著不確定性，但建立健康的生活常規並以此為日常的依據，可以讓我們的日子過得有規律且能夠有所預測。如果我們總是在固定時間起床，然後在某一時段靜坐、整理床鋪、吃一頓健康的早餐，以及一段小小的健走，便可以在這樣的常規裡覺得安心並獲得充實感。

- 其他具有正向預測性，可以讓我們建置在生活中的元素包括照顧寵物或植物、定期安排與朋友家人的聯繫，以及固定的參加可以讓我們開心的娛樂活動。

- 另一方面，若是覺得生活中的可預測性使人覺得無趣，那就需要反向操作。如果對每天的日常感到厭倦，試試創造

一些不可預測的事情，增加新的、有些驚喜的，或新奇的事物。每天只要一件簡單的爆點——一種食物、一個電視節目、一處地方、一件衣飾——就夠你振奮精神了。

即時行動

重新思考你明天早上的日常活動。如果需要的是較為健康、具有預測性的，就遵守這個日常；若你想要來點新鮮的，就加入一些新事物吧。

43 加入或創立一個支持團體

「生活裡所能把握最好的東西就是彼此。」

——奧黛莉‧赫本（Audrey Hepburn）

- 當我們持續擁有他人的支持時，患有慢性病的日子就會變得較為容易。若有人正好知道罹患這種慢性病的日子是什麼樣子，那就更好了。

- 加入支持團體，使我們具有真心理解的能力，它讓我們覺得自己不是孤單一人。事實上，我們在支持團體得到的友誼，經過一段時間的發展後，可能成為我們生活中的支柱。

- 在你的社區裡尋找慢性病支持團體，如果在地方上沒有適合你的，也許可以從網路上找到十分符合你的疾病的團體。而且這不是非此即彼的選擇，你可以同時參加社區的支持團體**以及**線上社群。

- 如果找不到合適的支持團體，也許你可以自己創立一個。跟你的醫療照護人員、朋友和家人討論，組織一個三或四人患有慢性病的團體，大家見個面並分享故事。你可能會訝異於大家投入的程度。

即時行動

今天就來研究一下支持團體吧。

44 尋求幽默

「開懷大笑和一場足夠的睡眠是醫師手冊裡最好的處方。」

——愛爾蘭諺語

- 在我們的慢性病生活中，有些必須要處理的事情卻是十分的無厘頭。

- 你有沒有發現，自己曾經為一些荒謬的症狀、結局或情境而搖頭不能置信或咯咯發笑？我們當然都有過這樣的經驗！

- 存在於人體內的人類有時真是可笑，這無庸置疑。有時我們可能會想哭，但有時我們就是覺得好笑。

- 當慢性病變化無常時，我們不妨學習培養自己的幽默感。與其一直生活在恐懼、焦慮、失望、氣憤或悲傷中，不如學會偶爾可以對這些事情一笑置之。

- 你應該知道，我們從不鼓吹人們去否認理所當然的悲傷，用佯裝的快樂來取代它；所以在此，我們也並非此意。我們的意思是，即使接納了艱困的思維和感受，我們還是可以選擇對荒謬的事情保持笑意並心懷感恩。

你有沒有認識具有幽默感的人？今天就跟他聊聊，問問他們對於生命中的困難是如何一笑置之。

45 管理期待

「我的快樂程度與我的接受度成正比，而與我的期待成反比。」

——米高·福克斯（Michael J. Fox）

- 確定能夠心滿意足的一個辦法，就是讓我們的期待符合現實狀況。當我們期待某些事情會變得如何，而它真的如預期的那樣時，我們通常會覺得滿足；我們或許不會因此而興奮異常，但另一方面，我們也不會失望。

- 因為我們必須要與慢性病共處，學習管理我們的期待可使我們在生活中發掘更多的滿足和平衡感。

- 世事並非總是那麼順利，或大都具備意義，如果我們在想法上能轉念的話，就算平常時刻也會發現其中的樂趣和意義。事實上，這就是正念練習的目的。

- 而且當我們能管理自己的期待時，無論發生什麼事，都能達到滿足的境界，並發現意義；有時我們會感到驚喜。事情的發生偶爾會超出我們的預期，這時我們的喜悅是甘甜的。

想想你今天或明天所期待的一些事情，你可以如何轉念或調整這些期待，於是無論發生什麼事都可以找到其中的意義和樂趣？

46 換個角度看事情

「太多人錯過了銀色的鑲邊[†]，因為他們想要金的。」

—— 莫里斯・塞特（Maurice Setter）

• 每當事情不如我們所願時，會感到挫折，心裡生氣、難過或有任何不舒服的情緒，這都是人之常情。那些情緒是我們在一般的失落和悲傷旅程中的一部分。

• 當我們有情緒產生時 —— **所有的**情緒，即使是「不好的」—— 正視它們並與之為友，是我們為自己最美好的生活而奮鬥所需培養的很重要的習慣。

• 此時我們也是在進行一種自我覺察和自我疼惜的工作，亦是為希望和歡樂爭取一席之地。我們一心一意地與悲傷為友，也同時積極尋求幸福和意義。

• 因此每當事情不如我們所期待時，也可以換個角度看事情。在岔路上，這條原本不想走的路是不是也產生了新的、具有潛力的正向機會呢？有沒有看到一線希望？答案幾乎都會是「是的」。

[†] 譯者按：銀色鑲邊（silver lining）為陽光透過烏雲時，在烏雲邊上所產生的光線，意指困境中的一線希望。

- 同時看到事情的黑暗面和光明面並沒有違和感——這是全人、真實而充滿希望的關注。

即時行動

當今天發生不好的或困難的事情時，停下腳步換個角度想一想。

47 認真使用你的能量預算

「能量是生命的精華。你每天決定如何使用它，需知道想要的是什麼，要用什麼方式來達成目標，還需要保持專注。」

——歐普拉・溫弗蕾（Oprah Winfrey）

- 我們的能量來源是有限的。對每個人來說，都是如此，但這對患有慢性病的我們來說，尤其真實。

- 把你的能量看成是有每日預算的，你每天可以花費幾小時的體力、幾小時集中精神，還有幾小時是情緒／靈性上的能量。一旦你花掉了預定的能量，就需要休息並為明天的能量充電。

- 你打算如何花費今天的預算？把你覺得最重要的必做事項列一個清單，且它們要符合你可以提供能量的小時數，同時安排你這一天覺得最有能量的時間來做那些最需要精力的任務。

- 要認真執行，你可以選擇把能量分配給那些必須完成的任務，或你很在意的事情，不要把寶貴的有限資源浪費在對你不重要又徒勞無功的事情上。

- 記得把每天最精華的能量列入預算，用在朝向有生之年的

期望、夢想和目標的起步上。一年之後，有什麼是你若沒做，會為毫無進展而感到難過的事？無論那個想望是什麼，它就是值得你今天、明天和往後的每一天付出最佳能量的事情。

即時行動

為你明天的能量預算做個計畫。

48 對「問題」試著給予不同回應

「我了解，誠實不是羞恥的事。脆弱不是羞恥的事。那是人類之美。」

—— 佚名

- 「你好嗎？」這個簡單問題的答案，對許多患有慢性病的人來說，卻一點也不簡單。

- 一方面，我們很感謝人們的問候；另一方面，我們不相信他們真的、實際上或真心想知道實情，或聽到完整故事的回答。

- 我們（我和潔咪）相信坦誠和脆弱，對你自己和問候的人都是最好的，但簡單明瞭也是個好主意，因此試著真誠並簡短回應。例如你可能會說：「我最近癲癇發作，但已經換了新藥，感覺很有希望。謝謝你的問候，那麼你好嗎？」

- 試試其他不一樣的回應，直到找到幾個你覺得行得通的方式。記住，制式的標準答案「我很好」是不能建立關係或讓他人理解的，卻像是築了一道牆，阻擋了真相。真正的連結，只會發生在真心的溝通中。要勇於坦誠，勇於做自己。

下回有人問候你「你好嗎？」——試著用新方式回應。要真實、坦誠且簡潔，看看會發生什麼事？

49 誠實——對自己也對他人

「真正的轉化需要誠實，如果你想要向前行，就要面對現實。」

—— 布萊恩特・麥吉爾（Bryant McGill）

- 在心理上，有一個概念叫作「一致性」，這關係著我們在罹患慢性病的生活中能否過著最好的生活。

- 基本上，一致性意味著生活方式與我們內在的信念、價值觀和真正的感受是相符的。例如，如果我們的價值觀是仁慈，那麼我們就會對別人仁慈，我們是生活一致的。但如果，我們的價值觀是仁慈，可是對他人卻沒有善意，我們就是生活不一致。

- 不一致就是對我們自己不誠實，不一致會傷害我們的心靈。反過來，一致性可富足我們的生命，並加成我們對意義和目標的感受。一致性是成為最好的自己的要素。

- 當然，不一致也是對他人不誠實。當我們隱藏或錯表我們真正的信念、價值觀和感受時，我們就是對世人說謊，包括那些我們所在乎的人。

- 你所聽到的真相是真實的——它釋放我們，使我們自由。

找出一個自己生活不一致的方式，今天就和別人討論一下這件事，或採取行動把它說出來。

50 培養可以處理擔憂的技能

「你不能使暴風雨平靜,所以不要再試了。你所能做的是使自己平靜,而暴風雨將會過去。」
　　　　　　　　——汀柏‧霍克艾(Timber Hawkeye)

- 經驗到焦慮的情緒是正常的。與慢性病共存,有時意味著要擔心即將出爐的檢驗結果、惡化的症狀,因疾病、財務問題以及其他種種而變得更加困難的生活狀況或預料會發生的事。

- 在某種程度上,這樣的焦慮是有幫助的,因為它刺激我們去完成重要任務:看醫生、做好因應困境的計畫、尋求經濟支援等。換句話說,焦慮常常是敦促我們積極採取行動的臨門一腳。

- 但持續不斷、日復一日、毫無作為的焦慮就沒有幫助了。壓力賀爾蒙會使我們病情加重,且持續的擔憂將不斷地破壞我們當下的經驗。

- 自助的書籍、影片、心理師,以及正念練習等,對我們培養積極且正向處理焦慮的技能都很有幫助。如果你時常焦慮,可以建立一份對你有效的焦慮管理技能清單,這肯定會成為你在自我照顧生活系統中的重要一環。

今天就採取踏實的一步來培養一個新的焦慮管理技能，明天再前進一步。

51 練習充滿希望的自我對話

「就像對你所愛的人講話那樣跟你自己對話。」
—— 布芮尼 · 布朗博士

- 我們如何在心裡私下對自己說話，對生活品質是有影響的。

- 根據無數的心理研究，我們發現人們傾向於負面的自我對話，你可能已經猜到，這是有負面影響的。

- 負面的自我對話導致更大的壓力、降低自尊感，並使人沮喪。它限制我們的思慮，且損害我們與他人的關係。

- 不過，我們可以學習用較為正向的方式跟自己說話。把負面的自我對話重新架構成具有鼓勵性的話語，「這個我做不到」可以變成「我可以想想辦法來這樣做」。也可選擇較為中性的語言，「我痛恨這件事」可以變成「這件事讓我好煩」。

- 此外，新的研究顯示，用第三人稱的角度對自己說話尤其有效。如果要說「我對這一竅不通」，改成對自己說「潔咪對這一竅不通」，這讓我自己與經驗產生了距離，結果感覺會好多了。剛開始會覺得這麼做很奇怪，但經過練習後，就成為一個正向的習慣。

下回你若發現正在跟自己做負面對話時，把它轉換成中性或正向的語言；若能用第三人稱來談論自己，會有加分效果喔。

52 以簡單的樂趣犒賞自己

「你有澆水的地方，草就會比較綠。」
—— 尼爾・巴霖漢（Neil Barringham）

- 哪些生命中的「小事」使你當下感到快樂、放鬆、踏實、感恩或喜悅？對這些事多加留意，並將它們放進每天的生活中。這是每個人都需發展的重要技能，尤其是我們這些患有慢性病的人。

- 對我（潔咪）來說，這些事情包括閱讀、欣賞一部好電影、和朋友喝咖啡、寫日誌或塗鴉、製作剪貼簿、花時間與寵物相處、烘焙、唱歌，還有跳舞。

- 對我（艾倫）來說，這些事情包括與我太太共度時光、帶狗去爬山、聽音樂、放逐遠行、看夕陽、逛車展，以及享受我所愛好的建築或居家設計等。

- 注意這些「小事」，當你把它們加總起來，就變成了「大事」。畢竟生活的本質就是一連串時刻相連的選擇，當我們決定花較多時間在簡單的樂趣上，整體的生活品質就提升了。

- 同時也注意，這些簡單的樂趣往往是低成本或甚至不用花費，且只要一點點付出就可達成的。我們的慢性病並不會

阻止我們享受人生。

認真地把至少一件簡單的樂趣加入今天的生活中。

53 觀察抱怨行為

「談論自己的問題是我們最為沉溺的事情。打破這個習慣，談談你的喜悅吧。」

—— 芮塔・席亞諾（Rita Schiano）

- 抱怨我們的慢性病有好處也有壞處，當我們強調、表達內在的想法和感受時，這是好的；強忍、否認並忽略自己的感受，可能會惡化成沮喪、焦慮、影響親密關係等問題，還有其他使我們生活更糟的議題，這樣不會比較好。

- 但什麼時候開始，健康式的表達變成了抱怨呢？這是聽者、相互性、發生次數和目的的問題。

- 有些人天生就是傾聽高手，不會批判你的想法和感受，他們是能夠同理的人。另有些人就無法以這樣的方式支持你，但也許他們有其他方法，像是提供實質的幫助、娛樂或社交等。

- 相互性的意思是，如果你會向某些人表達痛苦的想法和感受，對他們來說，你也會是個好的、主動的、不批判的傾聽者。

- 發生的次數是另一個需要考量的問題，若訴苦過於頻繁，即使很有同理技巧的人也會受不了。

- 最後，很重要的是，想想你的目的。如果你表達感受是為了要對這些感受致敬，讓它們有力量可以軟化並有所改變，這就是有建設性的。但如果你真正的目的是想要歸罪他人、批評或防衛，那麼你的表達對你自己和與他人的關係可能就毫無建設性了。

即時行動

在一段重要的關係中，今天就來試著練習相互性。

54 找出你所感恩的事

「可能不會日日都好，但日日都會有好事在其中。」

——佚名

- 慢性病使我們每天都走著艱難的步伐，再加上其他所有該做的事——工作、家庭、家事、照顧寵物、經濟問題等等——我們很難再發現生活裡還有什麼是值得開心的。

- 因此我們需要刻意地來做一件事，就是認真花時間去感恩每一天，這是我們能為自己提供必要的展望和小確幸的最好方式之一。

- 在你的生命中，有誰以及什麼事是令你心存感激的？在去年一年中，有誰以及什麼事是令你感激的？在這特定的一天裡，又有誰和什麼事是令你感激的？我們都可以學習盤點自己所感恩的事，讓這個做法成為一項明確的任務。

- 向感恩的事認真致意，有些人每天早上利用靜坐來感恩；有些人每天對生命中要感謝的人，寫一封感謝信或大聲說出特別感謝的事；還有些人每晚在他們上床前，花幾分鐘寫下感恩日記。

接下來花個五分鐘，用一些方式來表達感激之情。

55 為突發的悲傷建立因應計畫

「生命不會是我們預期的那樣。生命就是生命，你因應它的方式才是讓生命與眾不同的原因。」
—— 維琴尼亞・薩提爾（Virginia Satir）

- 有時我們對慢性病會有激動的情緒性反應 —— 像是獲知檢驗結果、經驗到新的或更糟的症狀，或突然了解到我們無法再參與重要活動時 —— 這使我們無法承受。

- 在這時刻，強烈的失落感、絕望、傷心和悲痛就像巨浪般擊倒我們，我們稱之為「突發的悲傷」。

- 當面對突發的悲傷時，你可能會覺得需要大哭一場、暴怒，或把自己隔離起來不與任何人接觸（或三者都有）。

- 突發的悲傷是無法預測的，也無法真的控制它們，你所能做的，就是想出有效的方式當下與它們「同在」。

- 嘗試不同的策略來因應突發性悲傷，無須猶豫。可能要靠一些嘗試和錯誤，才能找出對你最有效的危機因應計畫。

現在趁著平靜的這一刻，想想下次突發的悲傷來襲時，可以與之共處的可能方式。

56 以愛的語言發揮功效

「人愛者有力，愛人者勇。」[†]

——老子

- 慢性病使我們感到過度依賴他人，我們可能會覺得自己索求無度，或對於占據他人的時間感到愧疚；或相反地，我們可能會避免表達需求，以逃避這樣的感受。

- 無論你落在依賴他人這光譜的哪個點上，我們希望你了解，相互同理地與人接觸是健康的。換句話說，與他人建立關係絕對是完整而健康的生活要素；且成年人之間的關係是條雙向道：你幫助並關心我，我也會幫助且關心你。

- 關係的平衡是關鍵，例如你可能需要他人來幫你做許多體能上的事情，不是你能夠以相同能力回報的，但在這情形下，你可以用其他方式來試著平衡。

- 十分風行的「愛的語言」概念，其創建人蓋瑞・巧門博士（Dr. Gary Chapman）提到五個主要方法，可使人們感受到被關懷：收到禮物、與人共度美好時光、聽見肯定的話語、受到服務，以及感受肢體接觸。我們每個人都有偏好

[†] 譯者按：原著在此處對於老子言論的引述，可能為國外坊間之流傳，我們未在老子著作中找到相關原引句。

的愛的語言，在生活中對那些與你息息相關的人們，試著了解並使用最有效的愛的語言，可以平衡並加強你們之間的關係。

🌱 **即時行動**

> 找出你主要的愛的語言，並問問與你親近的人，找出他們的偏好。這樣的相互了解，對你們雙方都有幫助。

57 接納羨慕

「健康是健康的人所佩戴的皇冠，但只有生病的人
會看見它。」

——伊瑪目莎菲艾（Imam Shafi'ee）

- 當我們所在意的人將被具有競爭性的人或情境搶走，這使
  我們感受到威脅因而產生嫉妒；另一方面，當我們覺得缺
  少什麼時就會羨慕——可能是某樣我們看到別人有而自己
  沒有的東西。

- 讓我們面對事實：慢性病就是有辦法凸顯我們的缺乏。我
  們之所以**有所缺**（或未來將無法擁有）是因為我們的病情
  嗎？對我們某些人來說，所列出的清單可長了。

- 正像其他所有的感受，羨慕是很自然的且是人之常情。如
  果我們感到羨慕，那是因為它的呈現會讓我們學到些什
  麼。

- 因此若當你覺得好像被羨慕戳了一下時，不妨坐下來與它
  共處片刻。邀請它對你說話，問問它為什麼會出現，以及
  它真正想要和需要的是什麼。同理它，並從它那裡獲得訊
  息。

即時行動

什麼事使你感到羨慕？下次當你感受到被羨慕折磨時，帶它去散散步或喝杯咖啡。照顧它，並看看它讓你學到了些什麼。

58 若是你覺得內疚，想辦法表達出來

「你所感受到的內疚，當你能全然表達出它是如何
進到你的意識後，它就結束了。」

——路克‧加納（Luke Garner）

- 如同我們曾經強調的，所有的情緒都是正常的。如果你感覺到什麼，它只是意味著你需要關注它，花些時間為它命名並理解它，然後將它表達出來。

- 在慢性病的歷程中，內疚、難為情以及懊悔是常有的感受。你有可能會經驗到內疚的感受，如果你有，那些感受可能是因為你無法履行所有你覺得該承擔的責任、你的醫療照護花費很高（包括金錢和時間），或其他任何狀況。

- 隨著內疚而來的雙重麻煩是，當我們對內疚的感覺覺得不好意思時，這只會更加加重內疚感。

- 若你曾經因為自己的慢性病而感到內疚、難為情或懊悔，請把這些感覺向他人大聲表達出來。談談你的內疚，讓你自己脆弱一回，並放開心胸透露你的內疚。當你如此做時，很可能就發現其實他人能理解；其他人也通常會說出他們自己的內疚心情。他們會令你看清，你對自己是多麼

嚴格；而且若是有需要他人諒解，多數人都會諒解。

- 將內疚暴露於光天化日之下，使這個怪獸變小，與其把它關在櫃子的黑暗中，不如將它顯露出來，你會發現，它其實沒有我們想像的那麼大。

🌱 **即時行動**

> 若是你心懷內疚，今天就找一些簡單的方式將它放在光天化日之下。

59 選擇超越恐懼

「世界就是這樣，美麗與恐怖的事情都會發生，別害怕。」

—— 傅瑞德・畢克納（Frederick Buechner）

- 恐懼在失落和不確定的處境中是常有的，但若能明白恐懼是感受到危險的一種生理反應，會很有幫助。

- 在我們的體內，當感受到危險時會啟動漸進的打鬥、逃逸或呆住等反應，這些是人類數千年來所保存的天性。我們的交感神經系統和腎上腺皮質系統在身體運行中設定了一連串的生理反應，能啟動神經路徑並釋放壓力賀爾蒙至流動的血液中。

- 對於疾病所帶來的不想要或未知的結果，我們天生傾向於畏懼它。我們的疾病被視為是個危險，因此我們的身體就啟動了害怕的反應。

- 然而，真正的危險是生活在恐懼中。持續不斷地深陷恐懼，使我們的精神、身體、心和靈都承受著壓力。雖然一般認為偶發的恐懼能達到自我疼惜的目的，但持續性的恐懼對我們在身體、認知、情緒、社交以及靈性上就有害了。

- 如果你經常或總是在擔心害怕，請向你的醫療照護人員尋求協助。許多治療師和現代科技都有辦法減緩恐懼的情緒，應能找到對你有效的組合療法。你不需要生活在持續不斷或烏煙瘴氣的恐懼之中，唯有當你能夠掌控恐懼，才有辦法感受到生活的意義和歡樂。

🌱 **即時行動**

如果你正在恐懼（或它的近親——焦慮）中掙扎，今天就預約一位心理師吧。

60 用建設性的方式疏通憤怒

「你不會因為憤怒而遭受懲罰，你的憤怒卻會懲罰你。」

——佛陀

- 我們大多數患有慢性病的人有時會對自己的病生氣，這使人感到挫折、苦痛（真正的痛）且極為不平。

- 憤怒是一種抗議的情緒，也就是說，它本質上是一種針對我們不希望發生卻發生在我們身上的事所表達的抗議。憤恨、責難、驚駭、怨恨、暴怒，以及嫉妒也都是抗議的情緒，而藏在這些情緒之下的，往往就是恐懼和憂傷。

- 憤怒沒有什麼不對，這是很自然的，並且是人之常情；但當我們生氣時採取抨擊行為並傷害他人——或甚至有肢體行為而傷害自己，那就不行了。

- 相對地，我們可以用有建設性的方式學會克服並疏導我們的憤怒。未來當你生氣時，試試幾個不同的技巧：散散步、打開音樂跳舞或唱歌、把眼睛閉上做深呼吸、靜坐冥想、寫日誌、洗碗、車內吸塵。時常動動身體不但能消除緊繃的能量，而且還可同時完成一些事務。

- 當你平靜些後，不要忘記找一位關心你的人，與他分享你

的憤怒想法和感受。為你的憤怒命名並討論它，可以使你從這當中得到一些收穫。

🌱 **即時行動**

如果你覺得生氣，今天就試個新的方法來克服並疏導你的憤怒。

61 承認你可以掌控與無法掌控的事

> 「有時你可以掌控你的疾病，但有些時候則深陷在絕望之中，這是沒關係的。發飆，原諒自己，然後明天再試試看。」
>
> ——凱莉・海明威（Kelly Hemingway）

- 慢性病常有很多我們無法掌控的情形。我們透過良好的自我照顧，也許可以控制自己的病情到某一程度，但卻無法把它趕走，而且也往往無法避免病情復發。

- 一般來說，在能與不能掌控的事務間有所區辨，對我們是很有幫助的做法。我們就只有這點時間和精力，不如將它用在我們做得到的事情上。

- 我們可以掌控的事包括：飲食習慣、壓力管理技巧、健康照護的參與和配合、每日生活規劃（至少可以規劃到某種程度）、接收到的媒體訊息、在螢幕前花費的時間、與家人朋友的聯繫、向他人表達愛的方式、我們在精神啟發上的任務、我們的花費、在工作或其他事務上的努力、我們對自我疼惜的重視、我們的感恩之情。

- 我們無法掌控的事有：身體（不能完全掌控）、別人所做的事和說的話（包括我們的健康照護人員），以及世界的

大小事等。

- 我們只有這麼多的時間和精力，讓我們把它花在自己可以掌控的事情上吧。

即時行動

建立兩份清單：哪些事我可以掌控，以及哪些事是我無法掌控的。

62 將「做不到」的事情列一份清單

「通常是『失去』教會了我們看到事情的價值。」
—— 叔本華（Arthur Schopenhauer）

- 因疾病而導致我們無法做（但我們希望能做）的事，也是
  我們為之悲傷的失落事件。直截了當把它們說出來，可以
  讓我們面對事實並哀悼此事。

- 我（潔咪）因為罹患第一型糖尿病，若沒有準備好藥物和
  糖分來源就不能隨意出門；對於吃進體內的任何物質都不
  能大意；不能忽略血糖過低或過高的徵兆；對藥物供應和
  處方箋不能掉以輕心；不能無憂無慮地過日子。

- 無論我們對於列在清單中的事有什麼感覺，都是無妨的。
  我們可能會覺得悲傷、生氣、無法承受、內疚，或其他任
  何感受；而且我們對於這些事的感受可能隨著一週又一週
  或年過一年而有所改變。更甚者，這份清單會隨著我們的
  年齡增長，以及生命和病程的狀況而改變。

- 當我們承認並允許自己坐下來與悲傷的感覺共處時，我們
  才能學會將它們融入自己的生命，它們是我們之所以成為
  現在這個人的一部分。這麼做似乎與直覺相違，但這與之
  為友的過程其實可以使我們隨著時間減緩痛苦。

- 現在，翻到本書的下一則，把你**可以**做的事情列一份清單。

🌱 即時行動

建立這份清單，無論你是建在腦子裡、在紙上，或與一位關心你的人對話，要讓自己對這些「做不到」有悲傷和哀悼的機會。

63 現在把你「可做到」的事情列一份清單

「永遠不要讓做不到的事情阻擋你去做你可以做到的事。」

—— 約翰·伍登教練（Coach John Wooden）

- 雖然我們不能做所有想做的事，但還是有很多事是我們可以做的。

- 把這些事情列出來，大大小小你覺得能做到就會很高興的事，包括簡單的，例如與你的狗依偎在一起，或獨自高歌你喜歡的曲子；還有稍微複雜些的，例如操持家務、安排假期，或從事個人嗜好。同時也包括那些你也許可以且喜歡做、但從來沒做過的事，盡量寫下來直到你再也想不出任何事情為止。我們保證你的「可做到」清單會比你的「做不到」清單長很多。

- 現在在你的「可做到」清單上把對你覺得最重要的項目圈起來。

- 你圈選了些什麼呢？這些就是使你生命具有意義的事，是點亮希望和樂趣的事，是你需要認真將其多多融入每日生活中的事。

今天就挑選其中一個圈選的項目去做吧。

64 浮游在不確定之上

「這世界較易有神奇魔力、較難靠預知，較多自主、較難掌控，較易多變化、較難簡化，較易想像無極限、較難早知道，較多美妙的困擾，超越我們年少時所以為可容忍的程度。」

——詹姆士·霍里斯（James Hollis）

- 生命不可預測，所謂唯一可以確定的就是不確定。

- 對罹患慢性病的人來說，生命尤其無法預料。其中一種情形就是，許多慢性病面臨著劇烈波動，且月復一月甚至日復一日地頻繁發作。另一種狀況則是未來充滿著陰霾，誰知道未來幾年後，我們的身體和治療選項會產生什麼後果？

- 我們可以好好照顧自己，但不能完全掌控自己將會遭遇什麼；然而，我們可以努力掌控自己對於所遭遇之事的反應。

- 想像一個畫面，你在汪洋中的一艘小艇上載沉載浮，這艘小艇就是你為自己打造的支持系統，其中有你的朋友和家人、你的自我照顧方式、你所建立的資產——財務方面、教育方面、靈性方面，以及其他種種。當波浪有所變化，

挑戰便隨之而來，這艘小艇可以讓你浮游其上。

- 沒錯，在這小艇上仍舊是顛簸的，可是你也仍舊在水面之
  上。周遭的混亂可能支配著你——甚至有時在你自己的體
  內也是一團混亂——但你仍然浮游其上。

🌱 **即時行動**

> 如果不確定感經常使你感到焦慮或覺得壓力很大，今
> 天就採取行動。靜坐和找人諮詢，這是處理不確定感
> 很有用的兩種工具。

65 社交

「在疾病（illness）中的『我』（I）是孤立的，
但健康（wellness）的關鍵字是『我們』（we）。」

—— 佚名

- 生性外向的人可以不假思索地關注到此社交需求，但有時
  慢性病卻會使人在這方面將需求關閉。如果你正是如此，
  請找親近的朋友或家人，告訴他們你需要花時間與他人相
  處，訂下與他人再度接觸的策略。

- 另一方面，生性內向的人會有自我孤立的風險，尤其加上
  慢性病在其中攪局。

- 你可以不與他人互動而生活嗎？是的。這是個好主意嗎？
  並不是。

- 人類是社交的動物，研究顯示正常的社會接觸可以使我們
  在生理和心理上保持更健康、降低我們沮喪和焦慮的風
  險、延長我們的壽命，並使我們較為快樂。

- 此外，面對面且親近的人際關係，是使我們生命有意義的
  源頭，也是這本書所追求的目的。愛永遠是最重要的事，
  而愛需要有社會接觸，所以去社交吧，即使只是和幾位特
  定的人士也好。

今天就來規劃一下社交活動。

66 學習為感覺命名

「可以使你心碎的情緒，有時就是可以療癒這顆破碎的心的解藥。」

—— 尼可拉斯・史派克（Nicholas Sparks）

• 在這本書的序言中，我們曾提到悲傷，這是我們在慢性病程中遭遇失落而產生的許多思緒和感覺的統稱。對罹患慢性病感到挫折和難過是正常的，而且這是人之常情。覺得生氣也不要緊。

• 學習適應、重視並表達我們的悲傷，是我們該做的重要工作；同樣地，也要分別向構成我們悲傷的每一種思緒和感覺致意。

• 舉例來說，如果今天因為身體狀況不允許我進行想做的事而覺得心情不好，我可以帶著這種心情小坐片刻。確切地說，我覺得這是種什麼感覺呢？我在生氣嗎？覺得失望？嫉妒？難過？戳痛了不公平的感覺？

• 當我們能夠為自己的感覺命名時，才比較能夠向他人（或向我們自己、在我們的日記裡）談論這種感覺。我們較有可能先經驗到自我意識，才能有所突破，進而走向自我理解和有建設性的改變。

- 記得，感覺是沒有對錯的，它們就只是各種感受；我們必須要讓自己不帶批判地去感受任何我們所感覺到的情緒。與我們的感覺做朋友並了解它，視它們為正常，有助於使它們軟化。

即時行動

你現在的感覺是什麼，為什麼呢？為它命名，並與它為友。

67 辨別憂鬱症的徵兆

- 因慢性病所造成的許多失落而經驗到悲傷，雖然這是正常的；但很重要的是，也需要學會辨識因悲傷而起的正常的鬱悶心情與憂鬱症的不同。

- 根據美國國家心理衛生研究院（National Institute of Mental Health），憂鬱症的症狀包括：
  — 難以專注、記住細節以及做決定。
  — 疲勞且活力減退。
  — 感到罪惡、無價值，且（或）無助。
  — 感到無望，且（或）悲觀。
  — 失眠、太早醒來或睡眠過多。
  — 易怒、心神不定。
  — 對以往有趣的活動或嗜好失去興趣，包括性。
  — 吃過多或缺乏食慾。
  — 持續疼痛或痛苦、頭痛、痙攣，或治不好的消化問題。
  — 持續的傷心、焦慮，或有「空蕩」的感覺。
  — 有自殺想法、企圖自殺。

- 另一個考量悲傷和憂鬱症差異的方式就是想想**這感覺持續多久了，且你每天的活動受影響到什麼程度**。悲傷會隨著時間以及主動的哀悼而軟化，憂鬱症則不是這樣；如果你是憂鬱症，可能就無法每天生活作息正常。

如果你經驗到上述的一些症狀，今天就與主要的醫師或治療師約診。這不是你有弱點，而是有助於讓自己發現你需要醫療照護。服藥及會談治療可以改變你的生活。

68 向前行並問為什麼

「生命是一道沒有答案的習題，但是讓我們仍舊相信這習題是尊貴且重要的。」

—— 田納西・威廉斯（Tennessee Williams）

- 我們曾在第 10 則提到，人們需要尋找意義；但我們若想在此停下來回顧重述，也是非常重要的。

- 罹患慢性病真不公平，我們並不想這樣，我們不該承受這個病，為什麼是我？

- 問為什麼，是正常且自然的反應；感覺單單只有自己被懲罰或遇到此等倒楣事，是正常且自然的反應；質問上天或問為什麼好人沒好報，也是正常且自然的反應。把你的為什麼大聲問朋友、家人、心靈導師以及其他人，有助於削弱它們凌駕於你之上的強大力量。

- 然而一路行來，在問的過程中會開始感到新發展，這也是正常且自然的。有些人最後發展出「為何是他們」的信念——支持他們且使他們感到這是有目的的。另有些人開始理解到，其實根本就沒什麼好理解的——只能在難以理解中過下去。

- 因此無論何時，你覺得想要問為什麼，就儘管問吧。答案

可能沒有想像中的那麼好，但問的本身可以使你有動力向前行。

🌱 即時行動

你覺得最迫切的「為什麼」問題是什麼？大聲問出來——向朋友、家人、同事、心靈導師，或提供健康照護的人——今天就問。

69 接納設定目標的力量

「偉大不是用男性或女性所成就的事務來衡量，而是衡量他或她為達成目標所克服的對象。」
——桃樂絲・海特（Dorothy Height）

- 設定目標與確立意圖（第 21 則）是近親，兩者皆具有轉化我們生命的力量。

- 確立意圖是釐清並演練我們希望發生的事情，而設定目標則較傾向建立里程碑及可測量的結果。確立意圖較像是每天要做的練習，而設定目標則往往是較為長程的。

- 你這個月或今年的目標是什麼？試著將你覺得最想要達成的三個目標寫下來。

- 一旦你寫下了這些目標，再反過來建立一份每日或每週的漸進步驟，也就是你可以達成至少其中一個目標所需的任務，將它們列在行事曆中的待做事項。

- 為使自己對目標肩負起責任，找一位有責任感的夥伴一起合作——一位會承諾去達成自己目標的朋友或家人。你們可以在達成目標的過程中，相互鼓勵和支持。

即時行動

今天就計畫一個目標，並找人分享。

70 宣揚你的人性

> 「我是否自相矛盾？好吧，我是自相矛盾。我胸襟寬大，我包容眾生。」
>
> —— 華特・惠特曼（Walt Whitman）

- 我們每個人都是獨一無二的人類，受到獨一無二的挑戰，接受獨一無二的祝福，也過著獨一無二又千變萬化的生活。這對每個人來說——對那些罹患慢性病的人和那些沒有生病的人——都是事實。

- 生而為人，就是人類汪洋中的一滴水。

- 宣揚我們的人性，意味著承認並接納一個事實，即我們的生命是短暫的，且我們無法完全掌控它。我們在此短暫、狂野地度過一生，然後就離開了。

- 宣揚我們的人性，意味著承認我們的慢性病不代表我們，而是我們的一部分。我們每個人都有許多不同面向，變化多端，且有時還自相矛盾。我們每個人都是自己眼前的眾生。

- 我們在人類的歷史中，是如此渺小又微不足道，然而不可思議地我們都是單一個體，有別於這世上任何一個曾經存在的個體。宣揚我們的人性，意味著要接納這似是而非的

一切。

今晚眺望著星空，當你驚嘆於天上繁星之際，想想你
在人類和宇宙中的位置。

71 培養耐性

「耐性和堅忍不拔有魔法般的效用，有它們在，艱難會消失，而障礙會滅絕。」
—— 約翰・昆西・亞當斯（John Quincy Adams）

- 耐性是一種與當下所處的情境共坐片刻，並練習不心繫結果的藝術。

- 當失去耐性時，我們會坐立不安地等待想要發生的事，對吧？我們讓期待中的未來負面地影響著我們的現在。

- 培養耐性是慢性病患者尤其重要的習慣，因為規劃好的時間常會因為病症發作和照護流程而被打斷。罹患慢性病，生活步調往往需要減緩，我們可以選擇把這情形視為是件好事而接納它。

- 如我們之前所說，耐性是一種習慣，是一種練習，它不是與生俱來的人格特質。沒錯，你活到這把年紀早已養成了有耐性或沒耐性的習慣，但這些習慣是可以改變的。

- 任何對你活在當下有幫助的練習，都有益於你培養耐性，像是靜坐、只在預先安排的時間才擔憂、享受大自然，以及花時間與所愛之人相處。

即時行動

今天，如果你發現自己變得很沒耐性，可以選擇刻意去體驗並接受當下這個時刻。

72 簡化

「簡潔是大自然的初衷，是藝術的最終。」
—— 菲利普・詹姆斯・貝利（Philip James Bailey）

- 在人類的歷史上，人們曾經必須因應匱乏 —— 糧食短缺、資源不足、缺少娛樂。但如今，即使仍有部分區域面臨匱乏，卻有越來越多的人反而需要因應過剩，食物過剩、資源過剩、娛樂選項過剩。

- 簡化我們的生活，使我們回到在不足與過多之間剛好平衡的點。當我們在家裡和生活上清除了過多的東西和活動，往往就找回了用心過活的平靜和愉悅。

- 你可能聽說過 FOMO（錯失恐懼症或社群恐慌症），這是害怕錯失訊息（Fear Of Missing Out）的英文縮寫。FOMO 是指在現代生活中，對網路迷因（internet memes）、政治新聞、流行的電視節目、朋友們都在做的事，以及其他許多事情，如果沒有時常搜尋、閱讀、去做，且試著跟上腳步，就覺得會錯失了什麼。但更新的趨勢是 JOMO（Joy Of Missing Out），即對訊息不知情的情形感到開心。JOMO 是讚頌活在當下，不去在意別人正在讀什麼、看什麼或做什麼。

- 簡潔且充實地抓住每一時刻，無論那個時刻包含著什麼（或缺乏什麼），就在其中發現了愉悅。在不足與過多之間剛好平衡的地方，便得到了滿足。

即時行動

今天遠離你的電腦、平板、電視以及手機，享受非數位的樂趣，簡化你的休閒時間。

73 探索你可以探索的事物

　　「所以，做吧，下個決定。這就是你想要過的生活嗎？這就是你想要愛的人嗎？這就是最好的你嗎？你還能再堅強一點嗎？再仁慈些？多些熱情？下個決定吧。吸氣，吐氣，然後下決定。」

　　　　　　　　　　　——梅莉迪絲·格蕾（Meredith Grey）

- 正讀著這本有關慢性病書籍的你，都有著獨一無二的生活經驗、狀況、個性、實力和挑戰。儘管我們有著差異，但也有許多相同的地方。

- 我們其中的一個共同點，就是需要不斷地考量並推展自己的極限。為什麼呢？

- 我們無論何時都傾向於只停留在自己的舒適圈，其實只要活著，就有死亡的風險。我們太輕易對自己的能力、知識，以及自己的希望和夢想設定錯誤的極限；當我們告訴自己「我可以做這個，但我不能做那個」，就是削減了可能的樂趣和意義。

- 我們並不是說任何人都可以做任何事，這不是事實；我們也不是指我們需要持續不斷地嘗試新事物才能過最好的生活，這是空談。

- 我們所指的是，當想到某個人、某個地方或活動時，我們的靈魂火花是否可以再多明亮一些——或如果我們心中懷有「我一直想要……」的人生渴望清單——這就表示我們有需要去探索。我們許多人都有需要去推展自己的極限，跨出驚人的步伐，冒險進入那些探索。這就走吧！

🌱 即時行動

填入空格：我一直以來都想要＿＿＿＿＿＿＿＿。
無論那是什麼，今天就去探索它。

74 建立一份待做事項清單以因應那些令人氣餒的日子

> 「計畫是把未來帶到眼前，於是你現在可以先做些什麼。」
>
> ——亞倫‧拉凱恩（Alan Lakein）

- 當我們厭倦了生病的日子，心中感到氣餒，這是可以理解的。身而為人，每個人都經歷過情緒低落的日子，但慢性病對情緒低落產生決定性的影響太多也太頻繁。

- 你知道空軍對預想的危機如何計畫和演練嗎？我們可以且應該做相同的事——事先——針對那些我們預期會出現的令人氣餒的日子。因此選個好日子坐下來，為下一次的壞日子寫一份計畫，依據以下每一分類給自己幾個待做事項：縱情、撫慰、聯繫，以及滋養希望。

- 縱情的意思是讓自己承認、感覺並表達出自己的氣餒。縱情是好的，因為它是誠實的。有可能列在待做事項的縱情活動包括大哭一場、沉思、寫日記，以及找一個可以理解的人抱怨一下。

- 撫慰活動則是可以安慰我們的事情。什麼事使你得到慰藉？在面對危機的計畫清單上，這一類活動包括洗個澡、

享用家常美食、看一場你最愛的電影，或與寵物依偎在一起。

• 與他人聯繫也可以打擊絕望。所規劃的清單上，在這一類項下寫一些像是打電話給朋友、與所愛之人共進一餐，或透過社群網站與外界打交道等。

• 最後一項，寫下至少幾個可以讓你對未來燃起希望的活動。可能包括為明天或下週規劃一個有趣的計畫，或設定一個可達成的短期目標。

即時行動

當你下回遇到心情低落的那天，把這份待做事項的清單拿出來，從四個類別中的每一分類選擇至少一個活動試試看。看看當你完成這些事情時，感覺如何。

75 與外界接觸

> 「我想我們得記住,最重要的事情就是我們是在前進中的,不要害怕求助或羞於啟齒。」
>
> ——卡妮·威爾森(Carnie Wilson)

- 慢性病往往是一種孤立無援的經驗,但人類是社交的生物,我們與他人的連結使我們的生命充滿意義。

- 如果你曾經有過這樣的念頭請舉手,「我不想因為自己的問題而成為別人的累贅」。無庸置疑這時會有很多人舉手,但重點是:每個人都會遇到問題。你不想成為他的累贅的那個人,幾乎肯定也會需要有個能傾聽的耳朵和可以支持他的肩膀。

- 不要害怕尋求協助,你可能需要實質行動的協助,可能是交通上的或每天的家務事;也可能你需要有人幫忙處理文件或經濟相關的事務;最重要的是,你的確需要富有同理心和仁慈的人,可以不帶評斷地聽你說話。

- 別忘了也要給予協助以回報對方,畢竟友誼是一條雙向道,當雙方平衡且對等時,友誼就變得更強大了。學會成為一個好的傾聽者和支持者,並盡量做個有貢獻的人。

- 我們很幸運擁有現代科技,能讓我們用很多方式與外界接

觸。透過簡訊、電話、Skype、社群網站，以及線上論壇等與他人保持聯繫，這些雖不能取代與人面對面接觸的需求，但它是很好的補充方案。社群網站也可讓患有慢性病的我們發現其他有相同病情、曾經歷類似的奮戰與挫折的人，並能與他們交流。

即時行動

現在就找一位已經有好一陣子沒聯絡但一直想與其聯絡的人，和他聯絡一下。傳個簡訊、打通電話，或直接去拜訪他。看看這麼做令你有什麼感覺。

76 走入「纖薄境地」

> 「靈性及哲學方面的健康與生理健康是相互連結、
> 密不可分的。」
>
> ——莫里斯‧海曼醫生（Dr. Morris Hyman）

- 在凱爾特[†]的傳統中，「纖薄境地」（thin places）是介於
  肉身和靈魂之間的幽微之處。

- 它們如同天堂與塵土、神聖與世俗之間的面紗，是這樣的
  纖薄，當我們靠近時，就直覺地感受到永恆、無窮的靈
  界。

- 纖薄境地通常是在戶外的，往往是水和陸地或陸地和天際
  相接的地方。我們可能會在河邊、海灘或山頂上發現纖薄
  境地。

- 莊嚴神聖之地——像是大教堂、清真寺、廟宇、紀念堂、
  墓園等——常常都是纖薄境地。但說真的，無論何地，只
  要讓你有超脫塵俗之感，那就是你的纖薄境地，就算對別
  人來說或許不是，也沒關係。

- 纖薄境地是思考人生大哉問，並調適自己以迸放靈魂火花

---

† 譯者按：凱爾特（Celtic）是歐洲原住民的一支。

的好地方。那也是哀悼失落，以及找到希望和獲得療癒的
好地方。

即時行動

今天就花些時間在纖薄境地度過吧。

77 找到心靈勝地

「人們不能沒有靈性生活，正如蠟燭燃燒不能沒有火。」

—— 佛陀

- 每天花時間關心自己的心靈，與照顧自己的身體同樣重要。為什麼呢？因為那是生活目標與意義所在。

- 如同我們曾說，不同的人用不同的方式滋養他們的心靈。有些人參加宗教活動，有的人靜坐、種花蒔草、進行藝術創作或享受大自然。

- 無論你如何餵養自己的心靈，都會發現這有助於建置一片心靈勝地。每當你的心靈需要有踏實感的時候，就有一個專屬於你的實際去處。那可能是教會、猶太教堂、清真寺、廟宇、公園、海灘、森林、草原、河邊或山峰，到這些地方是感受與神連結的重要捷徑。

- 想想看，選一個你家附近可以常去的場所；甚至可以在家裡為自己創造一方心靈勝地，找一個房間或一個區域建置沉思冥想的專屬天地。

今天就去造訪、或著手依自己的需要找到你的心靈勝地。

78 將意義夾入每天的生活三明治

「健康是一個廣義的詞，它包括的不只是身體，還有心和靈。不單是眼前的痛苦或歡樂，也是整體的存在與展望。」

——詹姆士·威斯特（James H. West）

- 什麼樣的事情使你的生活有意義？什麼能帶給你目標、滿足、成就、連結或愉悅的感覺？在你每天、每週的生活中，哪些小確幸令你感到滿足、被愛和開心？

- 對你來說，無論這些事情是什麼，都可以刻意將它們放在每天的行事曆中。

- 把你的日常看作是份三明治，你必須選擇要把什麼夾在裡面。為了讓你的三明治有完整性並能夠提供養分，你可能要放入一些自己不喜歡的內容——比如說，也許是居家整理或工作方面的事務。但你也可以塞進一些自己喜歡的東西，總之，就是製作一份美味的三明治。

- 如果你是個喜歡培根的人，你可能認為把培根放在每日三明治裡是有意義的。（如果你不喜歡培根，也沒關係，就選一樣你喜歡的三明治配料來做比喻！）無論這三明治還有其他什麼食材，只要有培根就令人覺得超好吃，對吧？

同樣地，當你把有意義的活動或時刻夾入日常生活，無論
生活中還有其他什麼事情會發生，有這些特別的配料——
即使只有一點點——都會使它變得可口。

🌱 即時行動

刻意地把一些有意義的事夾入本日三明治裡。

79 分享你的天分

「別問這世界需要什麼。要問是什麼使你充滿生命力，那就去做吧。因為這世界需要的就是充滿生命力的人們。」

—— 霍華德·舒曼（Howard Thurman）

- 無論你是否了解，你是有天分的。每個人都是，我們都有天生拿手的事情。

- 我們的天分常常被視為是與生俱來的，它們顯得微不足道。由於我們毫不費力就能完成拿手之事，這反而使我們輕忽或低估了這項天分。

- 有人告訴過你，哪些是你拿手的事呢？過去這些年，別人來找你幫過什麼忙？在團體裡，你通常被要求或被仰賴需做的貢獻是什麼？這些就是你的天分。

- 我們患了慢性病的人有所失落，沒錯；但我們也有獲得。當我們與他人分享那些正向的事情時，我們就是用充滿意義的方式在與這世界互動。我們是有貢獻、有影響的。

- 發現你的天分並與他人分享。這簡單的宣言，就是活出最好生活的重要一環。

今天，就發掘一項天分並分享出去。

80 有選擇嗎？選擇意義

「我時常說，我現在對於是否罹患帕金森氏症沒有任何選擇，然而在這沒得選擇的周遭，我卻有著百萬個其他選擇。」

——米高·福克斯

- 每一天、每一小時、每一刻，我們都在做選擇。下一步我該如何做？我**現在**該如何做？

- 無論有沒有罹患慢性病，我們要過得好，就意味著要好好選擇，日復一日、時時刻刻。

- 我們在當下做任何選擇時，有成千上萬的因素需要衡量權重，因此我們倡議其中一個因素應該比其他任何因素都重要，那就是**意義**。

- 以一個十分悠閒的下午來說，為持續維持健康、平穩的生活，你可能有許多事要做，例如買營養品、做運動、付帳款等等。好的，這些必要的事情都具有意義，因為如果沒做，你可能就會過得不好。但是當你的基本需求安排好後，其他的休閒時間你該做些什麼呢？我們希望你會從較高的意義層面做選擇。

- 選擇意義所在，就是指有目的地把時間分配給對你最重要

的人們或活動。例如，看電視對你不一定是有意義的選擇，但與親近的朋友一起看電視，可能就具有意義。花錢買豪華轎車，對你不一定是有意義的選擇，但把錢存起來去你一直想去的地方旅遊，可能就別有意義。

🌱 即時行動

當你對於今天的安排有所選擇的時候，選擇有意義的事情吧。

81 讓身體沉浸在舒適中

「儀式具有安撫作用，且當你試著尋求答案時，儀式能提供基本架構使人安定。」

——黛博拉·諾維爾（Deborah Norville）

- 我們的身體喜歡舒適溫暖，盡可能依它們的需求讓身體有舒適溫暖的感受，這是自我照顧的一大任務。當身體覺得舒適溫暖了，我們就比較有能量和關注力來處理自己的認知、情緒、社交，以及靈性上的需求。

- 相反地，若我們經驗到生理上的不適，就很難與自己較高層次的需求做連結。當我們將生理需求充分照顧好，其他的部分就能迎刃而解。

- 你有聽過「hygge」的丹麥幸福學概念嗎？它的發音是ㄏㄨㄍㄜ，根據《牛津詞典》，這個詞是「一種溫暖又舒適的歡樂，可以啟發滿足和幸福感」。

- 無論什麼，只要是可以使你產生幸福感的事，就把它加入每日行事曆中。舒適的鞋子、溫暖的襯衫或外套、你最喜歡的馬克杯、蠟燭、一個整潔的房間、一張舒適的皮椅、一塊特別的糖或食物——把一些讓你感到舒適、放鬆且能被好好照顧的元素層層疊疊夾入生活中吧。

為你的今天安排幸福元素。

82 問自己「我該做什麼？」

> 「直覺就是用心靈觀察。」
>
> ——狄恩·昆茲（Dean Koontz）

- 當我們積極地想要在慢性病中過自己最好的生活時，我們就是在學習密切且謹慎地觀察自己的身體、心意、心情和靈性。

- 換句話說，我們在學習傾聽自己，學習尊重且關懷自己的需求與想望，儘管它們可能十分安靜或不甚明顯。

- 我們可以把這種提升的能力帶入內在智慧，對於所有遇到的事務和決定都有足夠的敏銳度。每當來到十字路口，無論大小，我們都能問自己：「我該做什麼？」

- 我們內在的智慧也可稱之為直覺或本能，當我們自問「我該做什麼」時，就是在做一個本能的評估，運用自己的直覺來幫自己決定最佳途徑。

- 當我們學會信任且仰賴自己的直覺，生活就變得較為簡單和無憂。我們無須痛苦糾結，只需反問自己並追隨自己的答案。

即時行動

今天就問問自己的直覺：「我該做什麼？」

83 每天花時間專注在至少一件可以「哇」的事情上

「生命若不是一場大膽的冒險，就根本什麼都不是。」

—— 海倫·凱勒（Helen Keller）

- 有時感覺人生「虛妄」，我們也許被困在一種窠臼中，或成天費盡心思只是為了要處理自己的慢性病。也許工作或每天日常看來毫無生趣，也許天氣陰霾，又也許是我們的心靈陰鬱。

- 在這個資訊爆炸的時代，我們有充足的機會在網路或媒體上發現令我們驚奇或開懷的花絮報導。這世上有這麼多神奇的事情！麻煩的是，從網路上大量湧入的有趣訊息像消防水管般灌向我們，使我們最終變得麻木且刺激過度而無動於衷。

- 同樣的情形也發生在真實生活中，令人驚奇的人、事、物，不斷地出現在我們周遭，但我們卻往往因為對它們過於熟悉，而產生了盲點。

- 何妨每天去認真尋找，只要單獨對一件可以令人喊「哇」的事情做出回應？與其快速掃過眼前所看見和遇到的所有

令人驚奇的事物，我們是否有可能停下腳步，只在其中一件事情上花些時間呢？例如，是否有可能與一位我們所關心的人進行一次親密、有意義、不受干擾、面對面的對話？是否有可能停留片刻，不僅是聞一下玫瑰花香，同時也對她投以專注和好奇的觀察？

- 養成每天選擇一個「哇」，並單獨對它全神貫注三十分鐘的習慣，將具有改變我們整體生活經驗的力量。

即時行動

今天就來選一個「哇」，並對它全神貫注半小時。

84 走嬰兒步

「有時方向對了，最小的一步最終可能是你生命中的一大步。如果一定要，踮著腳走也行，但邁出你的步伐。」

—— 納伊姆・卡拉威（Naeem Callaway）

- 我們時常聽人說，生命不在於最後達成的目標或結果——而是在於旅程。

- 但重點是：除非我們向前走，否則並不會真的在旅程中。對吧？

- 我們討論過確立意圖和設定目標的練習，且我們確實相信，當你的心靈呢喃著要你向前去往某個方向，這些練習就很重要。然而整體而言，最重要的就是持續向前行。

- 當我們感到困住了的時候，常常是因為我們在重複做著同樣不滿意的事。這不是真的向前行，這是靜止，是原地打轉。

- 但如果我們每天踩著嬰兒的步伐，朝著發自意圖、渴望、愉悅、目的或意義的方向行走，我們才是向前行的。誰知道我們最後會走到哪裡，但我們正在向前行，而這就是所謂的旅程。

感到困住了嗎？今天就踏出一步，朝著發自意圖、渴望、愉悅、目的或意義的方向走。

85 做一個探索樂趣的偵探

　　「要柔軟，不要讓這世界使你變得固執。不要讓痛苦使你懷恨。不要讓艱苦偷走了甜蜜。要引以為傲，即使世上其他人都不贊同，你還是相信它是個美好的地方。」

——伊恩‧湯瑪斯（Iain S. Thomas）

- 當你覺得不容易找到樂趣時，就戴上偵探帽。

- 做個偵探，這是什麼意思呢？就是說要積極、果斷並謹慎地去尋找一些好事。

- 偵探並非總能預測他們會在哪裡發現突破案情的線索，但他們會去看一些經過測試、證明值得一探究竟的地方。你也是，找出一些已經嘗試過、證明是時常可以讓你獲得樂趣的地方、朋友或活動，去找這些可靠的老搭檔吧。

- 若在這些老搭檔裡找不到樂趣，就需要繼續尋找，依據可能的線索，對新方式抱著能發現樂趣的想法。問問別人是如何尋找到樂趣、閱讀有趣的書、觀看有趣的電影、聆聽有趣的故事。

- 要記得，樂趣引領你走向的目標並非是一對一的途徑，而是每天用心過活的習慣，由無限的途徑和場域組合而成。

只要你願意積極、果斷且謹慎地去探索，就可能在任何時間、任何地方發現它。

🌱 即時行動

今天就去尋找樂趣吧。

86 以誠實優雅的姿態回應評論

> 「也許生命並非避開瘀傷，也許它是收集疤痕以證明我們曾經為它活過。」
>
> ——漢娜・布蘭契（Hannah Brencher）

- 有時別人可能會對我們罹患慢性病的人說出無知或傷人的話，他們可能基本上會因我們的疾病譴責我們。他們也許暗指我們懶惰，或裝病，或沒有好好照顧自己的身體；他們可能過度詢問侵犯性的問題，或認定我們無能或愚笨。

- 首先，我們要誠實以對，這似乎向來都是上上策。當有人對我們的狀況說錯了，我們可以修正他們。我們提出的修正最好要能冷靜且確實，教育和耐心可以改變他人的心意和情感。

- 其次，我們要表明自己的感受。當感到受傷時，我們可以且也應該說出來。我們可以練習為自己的感受命名，最好不要有報復性的責難和針鋒相對的傷害。我們可以說：「被以為懶惰，我覺得很難過。我是因為生病，當然就無精打采。」

- 第三，我們可以試著記住，那些人其實是在說他們自己，不是真的講我們，他們基本上是因為有自己的議題和擔

心，所以才這樣下評斷。當他人說了無知、傷人的話，還要我們保持優雅是很困難的事，不過這也值得我們不斷嘗試做做看。優雅使我們的生命——以及我們的世界——變得更美好。

🌱 **即時行動**

下回當有人對你的慢性病說了傷人的話或批評，停頓片刻並想想要如何做不同於以往你可能會有的回應。

87 扮演烏龜的角色

「如果你不能飛，就用跑的；如果你不能跑，就用走的；如果你不能走，就用爬的；但無論你做什麼，就是要向前移動。」

—— 馬丁・路德・金恩（Martin Luther King, Jr.）

- 記得伊索寓言有關龜兔賽跑的故事，烏龜厭倦了兔子的吹噓，向兔子挑戰要來一場賽跑。跑得快的兔子立刻超前很多，但後來過於自信，半路上停下來打了個盹兒，結果速度慢但穩定的烏龜最後先行抵達終點。

- 我們許多患有慢性病的人好比是那隻烏龜，我們可能沒有力量或速度在賽事中領先，也許行動緩慢且吃力。儘管我們的步調緩慢，一路上仍然需要休息。

- 但無論如何，緩慢而穩定可以讓我們去到想要到達的地方。如果我們用自己有限的潛在力量讓自己一點一滴、日復一日地寸步向前，我們仍能達到有意義的目標。

- 這些日子以來無論你日常所需的步調為何，與它對抗或因它而過於氣餒的話，都會產生反效果。相反地，配合你自己的步調並依據你特殊的需求、優勢和限制來做調整，只要能持續前進，就會越過終點線。

即時行動

今天就好好接納你平日所需的生活步調。

88 接納侘寂之美

「簡化到它最原始的本質，侘寂（wabi-sabi）是一種日本美學，即在自然界的不完美與深奧之中看見美，接受大自然生長、衰退和死亡的循環。它是簡單、緩慢而不凌亂的──且尤其顛覆了一般所謂的真實。」

── 安藤忠雄（Tadao Ando）

- 我們罹患慢性病的人是受損的，是不完美的。我們在身體上絕對有缺陷，有時也有認知和情緒上的缺陷。

- 且等等！在你對這些挑釁的論調生氣前，先想想看：(1) 每個人都不完美，都有缺點，而且 (2) 我們的不完美才是造就我們是誰的因素。

- 日本的禪學哲理稱為侘寂，它所珍視的就是存在於不完美和破損之中的智慧與美。我們最喜歡的那件有缺口的馬克杯、阿嬤為我們織的破損了的毛衣、臉上的皺紋──這些都是侘寂。

- 為向這樣的信念致敬，有些工匠學習了一種日式古老藝術，稱之為金繕（kintsugi），意即「金箔細工」。金繕師傅以鑲有金箔的人造樹脂，將破損的陶瓷器碎片黏合起來。這技術受到眾人矚目，並視為對不完美的讚頌。

- 是的，我們就是侘寂，且世上每個人都是。無論何時我們所看到、感覺到，或經驗到自己或他人的破損與不完美，都提醒著我們要為這些差異和真實性感到驚奇——這些到頭來幾乎總是比完美更為有趣和完美。

🌱 即時行動

今天，當你在自身或他人身上注意到破損和不完美的事物，選擇讚頌這個缺陷，而非對它生氣、失望或害怕。

89 陶醉在福賜的片刻中

「感謝祢，親愛的上帝，給予我們美好的生命，如果我們不夠愛它，也請赦免我們。」

——葛瑞森・寇勒（Garrison Keillor）

- 你有沒有注意到，即使事情發展得好好的，我們的心思仍會占據著更多的想望？

- 比如說你在電影院等著看一場一直很期待的電影開映，你有很好的位子，也買好了爆米花和你最喜歡的飲料，旁邊坐的是你一向喜歡與他一起看電影的人；然後你想起放在家中櫥子裡的巧克力棒，應該要把它帶出來的！可惡，一股揪心的失望湧上心頭。

- 這種總是想望著什麼的轆輪陷阱也許就是人性，但它是我們可以想辦法克服的。

- 當我們發現自己想望著什麼時，我們可以刻意把自己的注意力放在當下已經擁有的事務上。我們可以靜下心並細心盤點此時此刻所擁有的福賜。甚至可以對這些福報表達感恩之心，透過向他人描述、祈禱表達謝意，或在感恩日記裡記錄下來。

- 學習陶醉在蒙福的片刻，並為這事感到歡心，可以使我們

用心生活且更為喜悅，尤其在事情不如我們預期的那麼順
心的日子裡。

🌱 **即時行動**

今天，當你發現自己想望著什麼時，專心把自己的注
意力放在當下蒙受福賜的片刻。

90 建立一份不要做的事情清單

「你不需要為了做自己而下很多工夫，你需要做的
只是去掉令自己覺得不真實的部分。」
—— 普連·賈亞西博士（Dr. Prem Jagyasi）

- 我們常有很多事情要處理，待做事項清單就是幫我們記住
  重要任務。這是個有用的小工具，因為很多時候，由於我
  們一時疏忽沒能即時做某件重要的事（例如付電費），結
  果導致要花更多時間去善後，而且還造成困擾；所以寧願
  一開始就處理這件事，就會沒事了。

- 但你是否建立過「不要做」的事情清單呢？你會發現這是
  個顛覆遊戲規則的另一種小工具。

- 想想所有那些攤在你面前非必要的事情和承諾，其中有沒
  有你不喜歡或無力再做的事？若有，那些就能歸屬在你不
  要做的事情清單裡。把不再適合自己的活動停掉，這就是
  疼惜自己。

- 對於那些在生理、認知、情緒、社交或靈性方面的習俗，
  有些是有害的、令人氣餒，或使你麻木的，你覺得如何？
  也把它們加入不要做的事情清單上吧。

今天就為自己建立一份待做事項清單，然後再建立一份不要做的事情清單。兩份清單都照著執行。

91 當你想要放棄，別這麼做

「如果睜開眼、或下床、或拿起一根湯匙、或梳個頭，就是你今天能到達的令人敬畏的聖母峰，那也OK。」

——卡門‧安布羅西奧（Carmen Ambrosio）

- 在慢性病中感到氣餒，甚至絕望，是可以理解的。人生往往很艱苦，但罹患慢性病的生活則顯得更加難以忍受。

- 如果你有想要放棄的念頭，就找一些令人鼓舞的事情去做，和那些會讓你覺得好過的人聊聊、看一些能帶給人希望的真實故事、參加可使你開懷的活動。

- 記得皮克斯的動畫電影《海底總動員2：多莉去哪兒？》中的主角嗎？當遇到困難時，她就對自己重複這段箴言：繼續游就對了。

- 一定要記得，生活是一次只有一天，明天不會跟今天一模一樣，尤其若是你願意走出去，並主動尋求可以帶給你希望和目標的生活方式。

- 然後有些日子，甚或有幾週就是運氣非常不好。當你得爬回床上，什麼也做不了，只能咳聲嘆氣、苟延殘喘的話，這也是OK的。當這些日子來臨，只要知道好日子只不過

是一時暫停，也就覺得安慰了。

即時行動

建立一份點子清單：當我想要放棄時，我應該還可以做的事情。

92 順勢承接打擊

「你聽說過，如同一條鎖鏈，你就像其中最弱的鏈環一樣脆弱，但這只說對了一半，因為你也像其中最強的鏈環一樣堅強。」

——卡里·紀伯倫（Kahlil Gibran）

- 慢性病時常無法預料，我們無法事先知道明天會感覺如何，或下週會發生什麼事。

- 因這不確定性而感到挫折或陷入困境，是正常的；但這也可以讓我們培養自己的彈性和復原力。

- 我們無法永遠掌控會發生的事，但可以掌控自己對發生事情的反應。當感到挫折時，我們可以先正視這個挫折，然後把注意力放在自己因應這挫折的最佳選擇上。

- 當我們心裡出現：「啊，我實在很生氣（或很失望）」，我們可以隨著這個想法，接著再認真思考：「好吧，那我今天最好的做法是什麼呢？」有時真的很不錯，在我們決定採用這兩步驟思考模式的習慣後，出乎意料的機會就自行出現了。

- 這方式並非否認我們的氣憤或挫折感，而是對它們的需求予以關注，然後即便我們接納了那些正常的感受，也還是

要培養自己的彈性和復原力。這不是二擇一的做法，而是兩者兼顧。

🌱 即時行動

下回當你感到挫折或失望時，正視它、將它表達出來，然後問自己：「好吧，那我現在最好的做法是什麼呢？」

93 再次當個孩子

> 「想要更像個孩子，你不需放棄成人的身分。整合完全的人，可以同時兼具成人和孩子的氣質。再度抓住令人睜大眼的興奮之感、即興的激賞、無拘無束，且對偉大的宇宙充滿敬畏，又能盡情遨遊其中。」
>
> ——偉恩‧戴爾（Wayne Dyer）

- 在生活中，當慢性病使我們感到沉重時，讓自己內在的孩子掌管片刻，可以使我們振奮起來。

- 「當個孩子」是什麼意思呢？那就是玩、就是傻、就是無憂無慮，就是在每一時刻都看到美好和樂趣。

- 哪些事是你在每次看到它或從事它時，能讓你莫名獲得爆發性的樂趣？有什麼是你兒時所喜愛，但近來已不再體驗的事情？什麼對你來說就是單純的樂趣？什麼是你最愛沉浸其中的事？——若恰巧是最具孩子氣的事就更好。

- 慢性病往往是這麼嚴肅的事情，找到方法讓我們定期地再次當個孩子，可使人生活開朗、提供平衡感和不可或缺的樂趣。

今天就果斷地做些孩子氣的事情吧。

94 確認你的擁護者

「選擇那些使你振奮的人。」

——蜜雪兒・歐巴馬（Michelle Obama）

- 在第 20 則，我們曾提到三分定律：生命中大約有三分之一的人對你是有幫助的，三分之一是中立的，而另外三分之一的人是有害的。當你正為著自己的慢性病掙扎不已時，找出第一種三分之一的人，並與他們相處，這是很重要的。

- 第一種三分之一的朋友就是你的擁護者。他們是無論如何都會相信你的人，若有需要，他們甚至願意為你付出生命。

- 你的擁護者就是你最重要的啦啦隊，也是你最忠誠的粉絲。他們不需要有完美人格——但他們是你完美的支持者。我們大部分都會有一個擁護者，幸運些的人，一生也許會有二或三個。

- 誰是你的擁護者？現在就確認那會是誰。在你自己心裡要清楚知道誰是你的擁護者，是當你在急切需要時，會想起他，可讓你轉而求助且毫無疑問地獲得他的支持的人。

今天就寫一張感謝卡給你的擁護者。為他們一直以來在你生命中曾經扮演的角色表達最深的謝意，並對此時此刻及未來歲月中長存的這份充滿意義的友誼，說出你的希望。

95 處在奧妙之中

「生命中難以理解的事物並非是有待解決的問題，而是需要去經歷的現實。」

——法蘭克・赫伯特（Frank Herbert）

- 每當我們在生命中遭遇到苦難時，感到疑惑並問「為什麼」，是很正常的反應。事實上，「尋找意義」是這麼的普遍，它正是六大哀悼需求的其中之一（第 10 則的需求 5）。

- 當我們受到慢性病的影響時，想要了解其中道理是很自然的反應。我們在腦中和心中常常會不停地找答案。為什麼是我？為什麼會這樣？為什麼是現在？為什麼、為什麼、為什麼？

- 如果這樣的問題在我們心中不斷湧現，那就表示我們是真的需要提問。把自己的想法和感覺表達出來，始終是正確的做法。

- 但問了這些問題，並不表示我們會因此找到答案，重點在於提問本身。

- 與其說找到理解之路，不如說我們可能是在一條學習之路，學習「處在」奧妙之中。畢竟，對我們許多人來說，

「人類為何存在？」這個最大的「為什麼」就沒有確切的答案，它們只是帶來問題和沉思。能處在奧妙之中，就是此奧妙本身以及身在其中很有價值的目標。

即時行動

今天就花些時間來沉思奧妙之事吧（有關你的生命、你對他人的感覺、關於這世界，或任何其他你想到的事）。

96 寫一封信給自己的身體

> 「她痛恨自己身體的背叛,仍然無法表達這使她多麼的沒有安全感、在絕壁上生存的感覺。她最基本的部分要毀了,且無論做什麼都無法停止這件事的發生。」
>
> ——鄒潔・思特吉(Zoje Stage)

- 我們的身體就是我們自己,同時它與我們又是分開的。我們住在身體裡面,並試著照顧它;但它的發展時常不在我們的掌控之中,而且往往是我們不喜歡的發展,這實在令人感到挫折又矛盾。

- 你目前對自己的身體有什麼感覺呢?把這些感覺表達出來對心靈是好的。因此,何不用信件的形式與自己的身體分享這些感覺?

- 寫一封信給自己的身體,是一個邀請自己澄清思緒和感受的過程。朝向這種澄清的做法,可以協助你成為一個更能傾聽身體的人,並可增進你和身體的關係,聽起來就是這麼奇特。

- 告訴你的身體,為什麼你感到挫折或生氣,但也告訴它所有你對它覺得感恩和欣慰的事。

- 成為自己身體的具有同理心的朋友，且是忠誠的支持者，這就是目標。畢竟，你住在這裡面與它共處。

即時行動

今天就寫封信吧。

97 做些改變

「世上大部分的重要大事都是由那些當事情看來完全沒希望時仍願意不斷嘗試的人所完成的。」
—— 戴爾‧卡內基（Dale Carnegie）

- 慢性病中的「慢性」是我們遭受的挑戰裡最明顯的特質，也就是說它不是短期的；事實上，它很可能是終生的。

- 由於我們的病就是要我們每天與之共存且需處理的事情，我們可能會更容易落入每日生活的窠臼，開始安於現狀。如果每天都過得太制式或冗長乏味，我們可能會漸漸感到無聊、焦躁，或有可能會覺得毫無希望。

- 當我們覺得有上述這些情形時，那就該振作起來、有所改變了。我們的確可以有效掌控自己的每日生活，就讓我們好好發揮吧。

- 能讓我們隨時「做改變」的一些事情包括：我們的穿著、飲食、所看的電視節目、造訪的網頁、上班或回診的路徑、與我們共度時光的人、我們的靈性練習、睡眠習慣，還有許許多多其他的事情。

- 改變可使人精神振奮，具有使我們從生活中甦醒的力量。

今天就來把生活中一些安穩自足的事情做個改變。

98 尋找新的常規

「勇氣並不總是咆哮吶喊。有時勇氣是在一天結束後，平靜悄聲地說：我明天再試一次。」

——瑪莉·安妮·拉德瑪赫（Mary Anne Radmacher）

- 我們在第 12 則所討論的「過去」已經遠走了，而我們會哀悼它走過的路。現在我們生活在「以後」，於是我們的挑戰就是建立一個「新的常規」。

- 罹患了慢性病，我們時常會「陷在」某些生理狀況或限制中，以及每天的自我照顧。有些事我們可能無法做，而有些事我們卻必須做，像是服藥或足夠的休息。

- 因此我們的新常規需包括這些現實面，但這些現實面卻不是新常規的全部。

- 我們有力量不斷找尋並建立新常規，例行地從中經驗到意義感和目標；這個新常規可以也應該包括愛、希望和歡樂。

- 我們可能已經處理了一手爛牌，但我們並沒有出局，真的沒有。當我們不斷為自己搜尋最佳生活的過程中，也就是在設法使我們的新常規盡可能有意義。

🌱 **即時行動**

今天做一件小事情，找尋並建立一個可以構築出意義
和目標的新常規。

99 今天就開始

「生活不易，尤其當你計畫要完成某些值得做的事情時。不要採取省事的方法規避困難，做些超乎尋常的事吧。」

—— 瑪莉亞·羅賓森（Maria Robinson）

- 當需要採取進一步行動讓自己過最好的生活時，沒有什麼是比當下還重要的了。

- 研究顯示，建立一個新的習慣需要花二十一天的時間，而把這習慣轉變成一種生活方式需要九十天。因此當今天開始做了某件事情，只要經過三週的時間，它就有可能會變成一個習慣；經過三個月後，它就會成為我們是什麼樣的人的本質。

- 有很多事情是我們可以今天就開始去做的！如果我們還沒有運動的習慣，也許可以花個五分鐘去散步，或完成五分鐘的椅子瑜伽；可以設定一個自己喜歡的主題，上圖書館查資料；可以進行一段感恩之旅或懷念之旅；嘗試煮一道健康料理；打電話給我們一直想要聯絡的朋友；規劃時間預約心理師或新的健康照護人員；洗床單，整理床鋪；試試靜坐；做個簡單的計畫與所愛的人共度時光。從中選一項或幾項來試試吧！

- 有什麼是今天踏出的一小步，可以使你覺得成就了些什麼的？就去做吧。然後明天，再做另一項。

🌱 **即時行動**

> 今天就以一小步開始進行一件小事情。

100 獲取百萬

> 「如果小小夢想不安全,那麼解決之道不是夢想少一點,而是要有更多夢想,要一直都有夢想。」
> —— 馬塞爾·普魯斯特(Marcel Proust)

- 你希望豐富的生命中要有什麼?從獲得一百萬開始。

- 當然,一百萬元可能很不錯,但你知道什麼會更好嗎? 一百萬個微笑、一百萬個擁抱、一百萬個希望、一百萬個 開心時刻、一百萬個夢想。

- 訓練自己在奇蹟發生時,去注意到它們、數算它們,並醞釀更多的奇蹟,這就是我們從中找到意義和過著最佳生活的所在。

- 一年有三千一百萬秒,或五十萬分鐘;我們可以一躍而起,在未來的一年獲得一百萬。我們父女知道**自己**很渴望趕快開始,那麼你呢?

即時行動

無論你內心深處真正想要的一百萬是什麼,今天就開始吧。

結語

　　慢性病是一種挑戰，沒有人會為自己或我們所愛的人去選擇這樣的挑戰。我們無法否認它、忽視它，或希望它遠離；它也無視我們是否會無法做自己想做的事，或我們是否會錯過生命中的重要事件。它毫不客氣地為我們的生活帶來損失，非常不仁慈，又往往傷人甚深。

　　但同時，慢性病也是一份禮物。它教會我們什麼才是真正重要的事；使我們更具備復原力，更懂得疼惜自己；向我們透露了活在當下的奧妙。而且，即使它強迫我們調整自己的期待並處理更多的失落，卻也讓我們看見，無論如何，我們都有權對生命索求意義、目標和歡樂。

　　我們希望這本書所提供的想法，可以幫助你接納並哀悼慢性病所帶來的悲傷。

　　我們希望他人的愛和關心圍繞著你，也希望你隨時能在他人敲門時，迎進他們的愛和關心。

　　我們希望即使在最醜陋的時刻，你也能找到美好的一面。

　　我們希望你能在需要之時找到希望。

　　我們希望你用可以更加貼近自己與神的方式，滋養靈性。

　　我們希望你生命中的每一天都活得有目標且充滿愛。

　　我們希望你接納生命歷程教會你的事物。

我們希望你在自己身上找到尚未啟發的愛心與勇氣的寶庫，於是可以對自己仁慈些，並能協助需要幫助的人。

　　我們希望你來到已準備好要打開慢性病禮物的境地。

　　當你在所學到的功課、提出的問題，以及所做的決定中不斷探索時，祝福你。

　　我們願你平安喜樂。

慢性病權利法案

十個自我疼惜的原則

　　雖然在慢性病的病程中，你從頭到尾都應該向外求援；但有可能接收到別人的回應其實沒什麼幫助，可別覺得你有義務一定要接受這些回應。你就是熟悉自己經驗的專家，而且你擁有的權利是別人無法奪走的。

1. **你有關於自己慢性病故事的權利**。你有自己獨特的慢性病經驗，有權利用自己獨特的方式說出自己的故事，並表達自己的感受。

2. **你有對慢性病所造成的重要失落而悲傷和哀悼的權利**。慢性病在被診斷出的那一刻起就產出了許多的失落，依據你所罹患的慢性病種類，這可能包括行動的失落、感覺的失落、能量的失落、獨立性的失落、信心的失落、希望的失落，還有很多其他的失落。你有權利為每一種隨著慢性病所引起的失落而悲傷和哀悼。

3. **你有感受因自己疾病而產生之各種情緒的權利**。你可能感到震驚、慌亂、絕望、氣憤、挫折、難過、害怕，以及很多其他的情緒。慢性病在不同的時間點帶來各種情緒，你有權利在任何時候去感受任何一種情緒，並把這些情緒表達出來。

4. **你有談論自己的慢性病和隨之而起的悲傷感的權利**。談論

自己的悲傷感受有助於讓你了解它們是怎麼回事，且假以時日，這麼做可以幫助你把這些悲傷整合為自己生命的一部分。找出那些能夠對你的各種感受予以支持，並能以同理心傾聽你的朋友和家人。

5. **你有向他人尋求支持的權利**。慢性病可能會使你覺得是在孤軍奮戰，但每個人都需要他人的支持。當有需求時，你有權利向他人尋求支持；向外尋找讓你覺得能獲得支持、又不會阻礙你獨立性的人。當有需要時，尋求幫助是 OK 的。

6. **你有問「為什麼」的權利**。你有權利感到奇怪，為什麼會罹患這個慢性病。對於發生在自己身上的事感到奇怪，並探討心中所有的疑問，這是人之常情。為什麼現在發生這種事？為什麼我會感到不舒服？為什麼這會發生在我身上？

7. **你有為自己的身體和健康大聲說話的權利**。你對如何照顧自己的身體有自主權，有權利與自己的健康照護者討論你希望如何處理自己的治療方向。你的身體和健康是你自己在照顧，而且你最知道什麼是對你有效的。

8. **你有參與任何你想去的活動的權利**。只要你是安全的且能夠出席參與，就有權利去做任何你覺得自己的身體和健康可以承受的事。不要讓別人來告訴你，你可以或不可以做什麼。只要你的醫師同意，你可以參加很多不同的活動，旅遊、參加戶外運動、去世界各地冒險——去做使你真心快樂的事！

9. **你有教導別人有關你疾病的權利**。如果周遭的人沒有注意到你罹病的實情，這是有危險的。要保護自己的安全並

讓他人了解你的病情，你有權利也有義務要教育他人關於你的狀況和需求。

10. **你有充分過活的權利**。罹患慢性病的生活，並不能阻止你完整地過日子。你仍然可以讓每一天都極盡完整，並且熱愛你的生活。雖然慢性病可能在某些方面對你有所限制，但也永遠有辦法時時刻刻發現人生、發現愛。

附錄 國內各類慢性病相關網站

我國各類慢性病之非營利組織及其網站：

- 中華民國先天及代謝疾病關懷之友協會
  http://www.pku.org.tw/news.php

- 中華民國肺動脈高血壓關心協會
  http://carepah.org.tw/

- 中華民國類風濕性關節炎之友協會
  http://www.raag.org.tw/

- 中華慢性疼痛協會
  https://www.facebook.com/ 中華慢性疼痛協會
  -291974831633152

- 台灣巴金森之友協會
  http://www.pdcare.org.tw/

- 台灣多發性硬化症協會
  http://www.ms.org.tw/

- 台灣免疫風濕疾病關懷協會
  http://airhcs.org.tw/

- 台灣保健安長照關懷協會
  http://www.tbtakecare.com.tw/

- 台灣神經健康暨運動教育協會
  http://www.neurohealth.org.tw/

- 台灣愛滋關懷協會
  https://aidscare.uweb.org.tw/

- 台灣睡眠障礙協會
  http://www.sleep.org.tw/

- 台灣纖維肌痛症關懷協會
  https://www.tfacare.org.tw/

- 台灣癲癇之友協會
  http://www.epilepsyorg.org.tw/

- 安寧照顧基金會
  https://www.hospice.org.tw/

- 罕見疾病基金會
  http://www.tfrd.org.tw/

- 愛滋感染者權益促進會
  https://praatw.org/

- 糖尿病關懷基金會
  http://www.dmcare.org.tw/

- 癌症希望基金會
  https://www.ecancer.org.tw/

- 癌症關懷基金會
  https://www.myccf.org.tw/

國家圖書館出版品預行編目（CIP）資料

慢性病心靈處方箋：100 則與慢性病共處的實用點子／
Jaimie A. Wolfelt & Alan D. Wolfelt 著；章惠安譯.
-- 初版 . -- 新北市：心理出版社股份有限公司，
2021.05
　　面；　公分. --（心理治療系列；22180）
　　譯自：Healing your chronic illness grief: 100 practical
ideas for living your best life.
　　ISBN 978-986-191-996-6（平裝）

　　1. 心理輔導　　2. 慢性疾病

178.3　　　　　　　　　　　　　　　　110005844

心理治療系列 22180

慢性病心靈處方箋：
100 則與慢性病共處的實用點子

作　　　者：Jaimie A. Wolfelt、Alan D. Wolfelt

譯　　　者：章惠安

執行編輯：林汝穎

總 編 輯：林敬堯

發 行 人：洪有義

出 版 者：心理出版社股份有限公司

地　　　址：231026 新北市新店區光明街 288 號 7 樓

電　　　話：(02) 29150566

傳　　　真：(02) 29152928

郵撥帳號：19293172 心理出版社股份有限公司

網　　　址：https://www.psy.com.tw

電子信箱：psychoco@ms15.hinet.net

排 版 者：龍虎電腦排版股份有限公司

印 刷 者：龍虎電腦排版股份有限公司

初版一刷：2021 年 5 月

I S B N：978-986-191-996-6

定　　　價：新台幣 280 元